Buchreihe Kleidungskulturen der Welt
von Doris Schmidt, Heidelberg

Band 1: Steinzeit
Am Anfang war das Fell

Band 2: Japan
Kimono – Kirschblüten und Geishas

Band 3: Schwarzwald
Roter Bollenhut – Tracht und Marke

Band 4: Indien
Sari – Drapierte Anmut

Band 5: Renaissance und Reformation
Der Hosenteufel, Schlitze und Talare

Band 6: Renaissance und Gegenreformation
(in Vorbereitung)

www.kleidungskulturenderwelt.de

Doris Schmidt

Renaissance und Reformation

Der Hosenteufel, Schlitze und Talare

Mit Zeichnungen von Karin Mann

Kleidungskulturen der Welt

Band 5

Schneider Verlag Hohengehren GmbH

Umschlaggestaltung: Gabriele Majer, Aichwald

Umschlagzeichnung: Steinhausen 1913, S. 290

Gedruckt auf umweltfreundlichem Papier (chlor- und säurefrei hergestellt).

Bibliografische Information der Deutschen Nationalbibliothek

Die Deutsche Nationalbibliothek verzeichnet diese Publikation in der Deutschen Nationalbibliografie; detaillierte bibliografische Daten sind im Internet über ›http://dnb.d-nb.de‹ abrufbar.

ISBN 978-3-8340-1657-7

Schneider Verlag Hohengehren,
Wilhelmstr. 13, 73666 Baltmannsweiler

Hompage: www.paedagogik.de

Printed in Germany – Druck: Djurcic, Remshalden

Inhaltsverzeichnis

Vorwort

Die **Buchreihe Kleidungskulturen der Welt** basiert auf Ergebnissen des gleichnamigen Forschungsprojektes, das an der Pädagogischen Hochschule Heidelberg unter der Leitung von Prof. Dr. Doris Schmidt, Fach Alltagskultur mit dem Schwerpunkt Mode- und Textilwissenschaft durchgeführt wird.

Kleidungskulturen sind ein wesentlicher Bestandteil der Gesamtkultur von Völkern, Ländern und Epochen. Jede Kleidungskultur ist, allerdings mit unterschiedlicher Gewichtung, durch vielfältige Verflechtungen, etwa mit der Wirtschaft, der Mode, der Religion und der Wissenschaft, charakterisiert.

Im fünften Band **Renaissance und Reformation. Der Hosenteufel, Schlitze und Talare** wird die Kleidungskultur zur Zeit der Renaissance und Reformation in Deutschland thematisiert. Im Mittelpunkt steht die männliche Kleidungskultur. Deren Entwicklung steht mit mehreren Bereichen in Verbindung, unter anderem mit der Wissenschaft (z. B. Schlitztechnologie), der Kunst (z. B. Porträtwerke), der Religion (z. B. Talare), dem Militär (z. B. Landsknechtkleidung) und der Mode (z. B. Pluderhose und Hosenteufel).

Heidelberg im Herbst 2016 — Doris Schmidt

1. Renaissance und Reformation

■ Renaissance

Die Zeit der Reformation fällt in die Epoche der Renaissance, einer Ära, die den Übergang vom Mittelalter zur Neuzeit markiert.

Renaissance ist ein französisches Wort, das vom lateinischen *renascere* (wiedergeboren werden) abgeleitet ist. Der Terminus Renaissance bedeutet allgemein Wiedergeburt. Speziell wird er zur Bezeichnung der Wiedergeburt bzw. der Erneuerung der Antike gebraucht.

Das Ursprungsland der Renaissance ist Italien. Von dort breitete sie sich in das übrige Europa aus. Schwerpunktmäßig lässt sich die italienische Renaissance (um 1430–1600) als eine künstlerische und literarische Bewegung charakterisieren, die antikes Kulturgut wiederentdeckte und weiterentwickelte.

■ Deutsche Renaissance

In Deutschland begann die Renaissance um 1480 und endete gegen 1550. Die Zeit der deutschen Renaissance wird allgemein die Zeit der Renaissance und Reformation in Deutschland genannt. Diese Namensgebung resultiert daraus, dass die deutsche Renaissance im Unterschied zur italienischen Renaissance in hohem Maße von einer religiösen, alle Schichten umfassenden Bewegung, nämlich der Reformationsbewegung, geprägt wurde.

Die Zeit der Renaissance und Reformation in Deutschland lässt sich als eine tief greifende Umbruchphase beschreiben, in der Umbrüche nicht nur in der Religion, sondern auch in vielen anderen gesellschaftlichen Bereichen vonstatten gingen und sich miteinander kreuzten. Zu diesen gehörten unter anderem die Wissenschaft, die Kunst, das Militär sowie – unsere Thematik betreffend – die Mode. Im Hinblick auf die Mode ist besonders die durch Schlitze, Verteuflung und Talare geprägte Männerkleidung interessant, die sich für die Sparten Männerkleidung, Landsknechtkleidung und Kleidung der Geistlichkeit nachzeichnen lässt.

Anmerkungen: Vgl. Broby-Johansen 1988, S. 266 f., Das neue Duden Lexikon 1984, Bd. 8, S. 3172, Lexikon 2000 1990, Bd. 9, S. 2450 u. Bd. 15, S. 4073, Stauffacher Lexikon 1966, S. 2971 f., Thiel 1980, S. 167 f., Winzer 1980, S. 351 und Wolf 1993, S. 39.

2. Wissenschaft I: Humanismus

2.1 Humanismus

Der Begriff Humanismus bzw. Renaissancehumanismus bezeichnet diejenige Bewegung vom 13.–16. Jahrhundert, die die literarisch-philologische Wiederentdeckung der Antike in das Zentrum ihrer Bemühungen stellte. Wie das Wort Humanität geht der Terminus Humanismus auf die lateinische Vokabel humanus (menschlich, menschenfreundlich) zurück. Allgemein lässt sich der Humanismus als intellektualistischer Vorbereiter und Begleiter der Renaissancebewegung charakterisieren. Die humanistische Bewegung entstand in Italien, dem Ursprungsland der Renaissance, und weitete sich von dort auf Europa aus.

2.2 Humanisten

Schon vor der Entstehung des Humanismus wurden an den mittelalterlichen Universitäten (1119 wurde in Bologna die erste Universität in Europa gegründet) antike Autoren, zum Beispiel Aristoteles, gelehrt. Allerdings wurden damals die antiken Texte unter religiöser Perspektive betrachtet bzw. nach katholischer Lehre ausgelegt.

Im 13. Jahrhundert traten Gelehrte auf, die die Enge des an der Moral und Religion orientierten mittelalterlichen Denkens ablehnten. Ihr Anliegen war es, sich mit antiken Texten, unbeeinflusst von religiösen Vorgaben, auseinander zu setzen. Die neuen wissenschaftlichen Leistungsrollenträger gaben sich den Namen Humanisten. Mit dieser Selbstbezeichnung machten sie darauf aufmerksam, dass sie den Fokus auf den Menschen, die Menschlichkeit und das Menschentum legten.

Bei den Humanisten stand die Verkörperung des vollendeten Menschentums durch Bildung im Vordergrund. Dementsprechend wurde als humanistisches Bildungsideal der allseitig gebildete Mensch bzw.

der durch die Ausbildung seiner körperlichen, seelischen und geistigen Kräfte vollendete Mensch angesehen.

Das Vorbild für ein vollendetes Menschentum sahen die Humanisten in der Antike. Durch das Studieren klassischer Texte sollte die bereits in der Antike erreichte Vollkommenheit wiederentdeckt und zur Gestaltung der Gegenwart herangezogen werden. Außerdem sollte die Lektüre antiker Literatur zu einer angemessenen Selbstentfaltung und Geistesbildung beitragen.

Das Bemühen der Humanisten um die literarisch-philologische Wiederentdeckung der Antike erforderte von diesen das Studium alter Sprachen, vor allem der lateinischen und der altgriechischen Sprache. Darüber hinaus mussten die Humanisten – und dies war zur damaligen Zeit ein erheblicher Aufwand – in Bibliotheken reisen, um mittelalterliche Handschriften antiker Texte ausfindig zu machen und diese mit der Hand abzuschreiben.

Die europaweite Verbreitung des Humanismus wurde durch mehrere Sachverhalte befördert. Zum einen stellten die Humanisten die Abschriften der antiken Texte in frei zugänglichen Bibliotheken ein. Zum anderen war die Humanistenwelt durch Briefwechsel und Gelehrtenzirkel, die an die Stelle der früheren Klerikerdebatten traten, bestens vernetzt. Vor allem aber war es die Erfindung des Buchdrucks durch Johannes Gutenberg (1445), die zur Verbreitung des Humanismus in ganz Europa beitrug. Darüber legten die Humanisten eine spezifische Gelehrtenkleidung, nämlich die lange Schaube an (s. Abb. 10, S. 52 und Abb. 11, S. 54)

Zu wichtigen Vertretern des deutschen Humanismus zählen Erasmus, Reuchlin und Melanchthon.

Anmerkungen: Vgl. Lexikon 2000 1990, Bd. 9, S. 2450f., Parker 2010, S. 238 und Stauffacher 1966, S. 1765.

2.2.1 Erasmus von Rotterdam (1469–1536)

Einen wesentlichen Beitrag zur Ausbreitung des Humanismus in Deutschland leistete Erasmus von Rotterdam (eigtl. Gerhard, Gerhards). Der Niederländer lebte, studierte und arbeitete in etlichen europäischen Ländern: in den Niederlanden, in Frankreich (Paris), England und Italien, in der Schweiz (Basel) und auch in Deutschland (Freiburg). Er lässt sich als ein bewusster Kosmopolit, als ein Weltbürger mit übernationalem Weitblick charakterisieren. Der Theologe, Philosoph und Altphilologe Erasmus von Rotterdam war als freier Gelehrter tätig.

Als Theologe setzte sich der Niederländer kritisch mit der Religion bzw. mit der katholischen Kirche und deren Leistungsrollenträgern, nämlich den Klerikern, auseinander. Erasmus beanstandete die Hybris (Hochmütigkeit), den Zelotismus (Glaubenseifer), den Aberglauben und die keinen Widerspruch duldende Geisteshaltung in der Organisation Kirche. Vor allem aber kritisierte der Niederländer die Korruption, also die Käuflichkeit und Bestechlichkeit, in der katholischen Kirche. Zu diesem Hauptkritikpunkt verfasste er die Schrift „*Monias encomion*", die 1509 erschien und 1956 in Deutsch unter dem Titel „Lob der Torheit" veröffentlicht wurde.

Bei seiner Forderung nach einer Erneuerung der Kirche griff Erasmus in der Tradition der italienischen Humanisten auf die Antike zurück. (Der Niederländer war nämlich bei einem Studienaufenthalt in Italien mit dem dortigen Humanismus in Kontakt gekommen.) Dabei stellte Erasmus die Verbindung von antiker Philosophie und christlicher Religion in das Zentrum seiner wissenschaftlichen Tätigkeit. Er propagierte eine humanistische Menschenkultur, die sich sowohl auf die Ethik der antiken Philosophie als auch auf die Ethik des Neuen Testamentes stützte. Im Vordergrund stand für ihn ein christlicher Humanismus und damit wurde die „*Humanitas christiana*", das heißt die christliche Menschlichkeit, zum Leitbegriff des Niederländers. Sein diesbezügliches Gedankengut ist in der Schrift „*Enchiridion militis Christiani*" 1503 („Handbüchlein des christlichen Streiters" 1952) nachzulesen.

Zu den bibelwissenschaftlichen Arbeiten von Erasmus zählen zum einen die erste Publikation des Neuen Testaments in griechischer Sprache (1516) sowie die Herausgabe der Schriften der Kirchenväter (seit 1521) und zum anderen die Anleitungen zur Bibelauslegung, beispielsweise die Paraphrasen zu den Evangelien. Aufgrund dieser textkritischen Bibelauslegungen lässt sich Erasmus von Rotterdam als geistiger Wegbereiter der Reformationsbewegung bezeichnen, wobei er selbst sich nicht an dieser beteiligte. In diesem Zusammenhang ist freilich anzuführen, dass es zwischen dem niederländischen Humanisten Erasmus von Rotterdam und dem deutschen führenden Reformator Martin Luther Meinungsverschiedenheiten und Aversionen gab.

Eine Meinungsdifferenz zwischen den beiden bestand vor allem in Bezug auf das Problem der Willensfreiheit. Dieser Dissens veranlasste Erasmus zu der Publikation *„De libero arbitra"* 1521, in der er die Willensfreiheit verteidigte.

Ferner missbilligte der Niederländer die ablehnende Haltung Luthers gegenüber der Philosophie. Der Reformator ließ nämlich ausschließlich die Auseinandersetzung mit der Theologie gelten. Für ihn zählten nicht die Worte der Philosophie, sondern allein die Worte der Bibel (*sola scriptura*).

Des Weitern waren Erasmus der derbe Sprachstil Luthers bzw. dessen derbe Sprache in der Argumentation zuwider. So nannte Luther Erasmus (aufgrund dessen Forderung bei der angestrebten kirchlichen Erneuerung sowohl die antike Philosophie als auch die christliche Theologie einzubeziehen) sprachlich wenig zimperlich einen „Heiden" und apostrophierte ihn als „Verräter der Bibel". Den Erzbischof Albrecht von Brandenburg bezeichnete Luther gar als „'Scheißkerl'" und die durch den Ablasshandel finanzierte Kirche etikettierte er als „'Freudenhaus'" (Fischer 2015, S. 79).

Diese Meinungsverschiedenheiten und Streitereien führten schließlich dazu, dass Erasmus von Rotterdam sich nach seinem Umzug ins schweizerische Basel (1521) von Martin Luther distanzierte.

Anmerkungen: Vgl. Das neue Duden Lexikon 1984, Bd. 3, S. 1017 f., Fischer 2015, S. 79, Haider-Grabner 2015, S. 64–66, Lexikon 2000 1990, Bd. 7, S. 1737, Parker 2010, S. 238 und Stauffacher 1966, S. 1085.

2.2.2 Johannes Reuchlin (1455–1522)

Neben Erasmus von Rotterdam war Johannes Reuchlin das Haupt des deutschen Humanismus. Nach seinem Jura- und Altphilologiestudium arbeitete Reuchlin als Griechisch- und Lateinlehrer in Ingolstadt (1502) und in Tübingen (1521). Darüber hinaus wirkte er im Heidelberger Humanistenkreis mit. Auf Johannes Reuchlin geht übrigens das in seiner Geburtsstadt Pforzheim errichtete und nach ihm benannte Reuchlingymnasium zurück, in dem noch heute humanistische Bildung und alte Sprachen vermittelt werden.

Auf seinen Italienreisen in den Jahren 1482, 1490 und 1499 spürte Reuchlin griechische und hebräische Texte auf, die er in den deutschen Humanismus einbrachte. Reuchlin gilt nicht nur als erster Gräzist von Bedeutung. Sondern, indem er althebräische Schriften der Humanistenwelt zugänglich machte, schuf er auch die Voraussetzung für die wissenschaftliche Auseinandersetzung mit dem Alten Testament und ermöglichte zugleich den Beginn einer wissenschaftlich fundierten Bibelkritik.

Obwohl Reuchlins Lehren keine reformatorischen Einflüsse beinhalteten und er selbst kein Befürworter der Reformation war, musste er sich 1511 einem Ketzerprozess unterziehen, der von den Kölner Dominikanern ausging. Der Grund hierfür lag darin, dass Reuchlin sich gegen den Antrag eines getauften Juden namens Pfefferkorn stellte, der die völlige Vernichtung der gesamten jüdischen Literatur zum Gegenstand hatte. Zu seiner Rechtfertigung veröffentlichte Reuchlin 1514 die bekannten *„Clarorum virorum epistolae"* (Briefe berühmter Männer) aus seiner Korrespondenz, aus denen hervorging, dass die bedeutendsten zeitgenössischen Gelehrten ihm beipflichteten.

Zur Unterstützung Reuchlins wurden zudem die *„Epistolae obscorum virosum"* (Dunkelmännerbriefe) veröffentlicht. Verfasser der in zwei Teilen 1515 und 1517 erscheinenden Dunkelmännerbriefe waren die mit Reuchlin befreundeten Humanisten Crotus Rubeanus, Hermann von dem Busche und Ulrich v. Hutten. In diesen Briefen wurde die Organisation Kirche sowie deren Lehre und Vertreter, vor allem die Kölner Dominikaner, auf satirische Weise angegriffen und verspottet.

Anmerkungen: Vgl. Lexikon 2000 1990, Bd. 15, S. 4085 u. Bd. 6, S. 1597 f. und Stauffacher 1966, S. 297 f.

2.2.3 Philipp Melanchthon (1497–1560)

Der im badischen Bretten geborene Humanist Philipp Melanchthon (eigentlich Philipp Schwarzerd) erhielt nach Studien in Heidelberg und Tübingen 1518 einen Ruf als Professor für die griechische Sprache in Wittenberg. Dort wurde er 1521 zum engsten Mitarbeiter und Vertrauten Luthers. In seiner Schrift *„Loci communes rerum theologicarium"* (1521) setzte sich Melanchthon mit dem christlichen Humanismus und der lutherisch-reformatorischen Theologie auseinander.

Melanchthon hatte vor allem als Pädagoge eine hohe Bedeutung und wurde daher *„Praeceptor Germaniae"* („Lehrer Deutschlands") genannt. Er beeinflusste das deutsche Schul- und Hochschulwesen bis ins 17. Jahrhundert, insbesondere die Lateinschulen und die protestantischen Universitäten, an denen seine Lehrbücher als Basisliteratur eingesetzt wurden.

Anmerkungen: Vgl. Das neue Duden Lexikon 1984, Bd. 6, S. 2477 f., Lexikon 2000 1990, Bd. 13, S. 3391 und Stauffacher 1966, S. 2420.

3. Religion

3.1 Reformation

Das Wort Reformation geht auf den lateinischen Terminus *reformatio* (Umgestaltung, Erneuerung) zurück. Speziell wird der Reformationsbegriff für die Erneuerungsbewegung der Kirche im 16. Jahrhundert verwendet, die ihren Ursprung in Deutschland hat und 1517 von Martin Luther ausgelöst wurde. Indem die Reformationsbewegung zur Glaubensspaltung und zur Auflösung der christlichen Einheit führte, hatte sie einen nicht unbeträchtlichen Einfluss auf die Entstehung der Neuzeit.

3.2 Reformatoren

Luthers Ideen zur Erneuerung der Kirche wurden von vielen Theologen und Mitarbeitern unterstützt. Ohne diese zahlreichen reformatorischen Helfer wäre der revolutionäre Erfolg der Reformation nicht möglich gewesen. Als Hauptvertreter oder Väter der Reformation fungierten neben Luther die Reformatoren Zwingli und Calvin.

3.2.1 Martin Luther (1483–1546)

Der im sächsischen Eisleben geborene Martin Luther studierte zunächst Jura und Philosophie in Erfurt. 1505 trat er in das dortige Augustiner-Eremiten-Kloster ein. Dies geschah, weil er bei einem Gewitter das Versprechen abgegeben hatte, im Falle seines Überlebens ein Mönch zu werden. 1507 empfing er die Priesterweihe und absolvierte in Erfurt und Wittenberg ein Studium der Theologie, das er 1512 mit der Promotion zum Doktor der Theologie abschloss. Danach lehrte er als Professor für Theologie an der Universität Wittenberg und predigte seit 1515 in der Wittenbergschen Stadtkirche.

■ Ablasshandel

Luther stimmte in vielen Hinsichten nicht mit der Kirche in Rom überein. Insbesondere setzte er sich mit der in der römischen Kirche praktizierten Ablasspraxis auseinander. Schon im Mittelalter des 11. Jahrhunderts war es Christen möglich, Sündenstrafen zu entgehen, anfänglich durch Ableisten von oft harten Bußstrafen, später auch durch entsprechende Geldzuwendungen an die Kirche.

Mit der Erfindung des Buchdrucks kam in der Mitte des 15. Jahrhunderts der Handel mit Ablassbriefen auf. Sie wurden von Päpsten, Bischöfen und sonstigen Geistlichen verkauft und waren beim gläubigen Volk zur Vermeidung des qualvollen Fegefeuers begehrt. Diese Art der Monetarisierung des Seelenheils bzw. diese In- und Outputleistungen zwischen Religion und Wirtschaft wurden in einer zeitgenössischen Flugschrift treffend so beschrieben: „Sobald der Gülden im Becken klingelt, im Huy die Seel in den Himmel sich schwingt." (Sontheimer 2015, S. 29) Mit dem Verkauf von Ablassbriefen wurden unter anderem der Neubau und die Instandhaltung von Kirchen finanziert.

■ Thesenanschlag

Im Jahr 1517 schickte Luther 95 Thesen an den Mainzer Erzbischof Albrecht, in denen er besonders den Ablasshandel der römischen Kirche anprangerte und einen theologischen Diskurs anregte. Da die zugeschickten Thesen beim Erzbischof keine Resonanz fanden, schlug Luther am 31. Oktober 1517, am Vorabend von Allerheiligen, seine Thesen an die Tür der Schlosskirche in Wittenberg und machte sie auf diese Weise einer breiten Öffentlichkeit zugänglich.

Aufgrund der Gepflogenheit der damaligen Zeit, Kirchentüren als Informationsträger zu nutzen, wird von manchen Fachleuten vermutet, dass Luther seine Thesen zeitgleich an mehreren Kirchentüren Wittenbergs plakatiert hat.

Die in Thesenform gegossene, an eine oder mehrere Kirchentüren genagelte Ablasskritik bedeutete nicht weniger als der „starting point" der von Martin Luther ausgelösten Bewegung zur Reform der Kirche. Zum Gedenken an den Beginn der Reformation wird seit 1667 am 31. Oktober das Reformationsfest gefeiert.

■ Reformatorische Schriften

Seine Vorstellungen von einer Erneuerung der Kirche publizierte Martin Luther in drei 1520 erschienenen reformatorischen Hauptschriften.

In diesen forderte er unter anderem: die Lossagung von der Kirche in Rom („Von der Freiheit eines Christenmenschen"), die Verwerfung des Zölibats und der Priesterweihe („An den christlichen Adel Deutscher Nation") und eine neue Sakramentenlehre, in der er eine Reduzierung der in der katholischen Kirche üblichen sieben Sakramente auf zwei Sakramente, nämlich auf die Taufe und das Abendmahl befürwortete („Von der babylonischen Gefangenschaft der Kirche").

Darüber hinaus ist eine Flugschrift Luthers bemerkenswert, die 1524 in Wittenberg gedruckt wurde („An die Radherrn aller stedte deutsches lands: das sie Christliche schulen auffrichten vnd halten sollen"). Ein in Worms aufbewahrtes Exemplar dieser Flugschrift wurde nämlich aktuell von der UNESCO ins Weltdokumentenerbe aufgenommen. Die Flugschrift war an die Ratsherren aller Städte gerichtet und enthielt die Forderung nach der Gründung christlicher Schulen. Luther sprach sich darin für einen Unterricht sowohl für Jungen als auch für Mädchen aus, wobei der Reformator an täglichen Unterrichtsstunden zwei für Jungen und eine für Mädchen vorschlug.

■ Lehre

Die Grundgedanken der Lutherschen Lehre lassen sich mit drei Schlagworten beschreiben:

1. *Sola Fides:* Die Heilsuche basiert allein auf dem Glauben. Von entscheidender Bedeutung ist dabei die persönliche Beziehung des Einzelnen zu Gott. Zum Seelenheil des Menschen führen weder die Beanspruchung des Ablasswesens noch die Heiligenverehrung.

2. *Sola Gratia:* Die Sündenvergebung und der Erwerb des ewigen Lebens fußen allein auf der Gnade Gottes. Diese Gnade kann dem Menschen nur als göttliches Geschenk zuteil werden. Er kann sie nicht durch Verdienste und gute Werke erhalten. Er kann sie auch nicht durch einen bestimmten Lebenswandel, wie ihn etwa Priester praktizieren, bekommen. Vor Gott sind alle Menschen hinsichtlich einer Gnadengewährung gleich und infolgedessen ist eine diesbezügliche Hierarchie des Priesterstandes abzulehnen.

3. *Sola Scripta:* Als Glaubensquelle hat allein die Heilige Schrift Gültigkeit. Dabei ist zu beachten, dass es dem Priesterstand nicht zusteht, als alleiniger Ausleger der Heiligen Schrift aufzutreten. Vielmehr solle ein

jeder in die Lage versetzt werden, die Bibel selbst zu lesen, sich selbst mit den Bibeltexten auseinanderzusetzen und sein Handeln selbst an diesen auszurichten.

- **Bibelübersetzung**

Als wichtigste Leistung Luthers gilt neben der Begründung der reformatorischen Bewegung die Übersetzung der Bibel ins Deutsche. Er übersetzte zunächst das Neue Testament. Dieser Teil der Bibel wurde im September 1522 veröffentlicht und dementsprechend „Septemberbibel" oder „Septembertestament" genannt. Es folgte die Übersetzung des Alten Testamentes. Die erste vollständige Ausgabe der Bibel, das heißt die erste Gesamtbibel, erschien 1534 in Wittenberg.
Da der deutsche Reformator in seiner Lehre die Heilige Schrift als einzige Autorität (*sola scripta*) anerkannte, war für ihn die Übersetzung der Bibel ins Deutsche von herausragender Bedeutung. Denn nur in deutscher Sprache konnten die Bibeltexte vom deutschen Volk gelesen werden. Einen wesentlichen Beitrag zur schnellen und weiten Bekanntmachung der Lutherbibel leistete das 1455 aufgekommene Verbreitungsmedium Buchdruck. Immerhin wird die Auflagenhöhe der Lutherbibel in der Reformationszeit auf über eine Million geschätzt.
Die sprachlich hervorragende, durch einen kraftvollen und bildhaften Ausdruck gekennzeichnete Bibelübersetzung Luthers war nicht nur von theologischer Relevanz, sondern trug auch maßgeblich zur Ausbildung einer deutschen Nationalsprache bei.

- **Wirkungsstätten**

Im Unterschied zu seinem reformatorischen Lebenswerk, dessen Bedeutung weit über die Grenzen Deutschlands hinausreichte, war Luthers Wirken auf Stätten in deutschen Ländern beschränkt. Von diesen so genannten 52 Lutherstätten wurden inzwischen von der UNESCO drei in die Liste des Weltkulturerbes aufgenommen, nämlich Eisleben und Wittenberg 1966 sowie die Wartburg 1999.

Anmerkungen: Vgl. Das Neue Duden Lexikon 1984, Bd. 6, S. 2353–2355, Gretzschel 2015, S. 12, 15, 18 u. 19, Lexikon 2000 1990, Bd. 1, S. 13 u. Bd. 12, S. 3239 f., Pieper 2015, S. 35, Sontheimer 2015, S. 28 f., Stauffacher 1996, S. 11, 2326 f. u. 3439 und Worms 2015.

3.2.2 Ulrich Zwingli (1484–1531)

Der gebürtige Schweizer Ulrich (eigentlich Huldrych) Zwingli trat 1519 eine Pfarrstelle in Zürich an und begann dort sein Lebenswerk: nämlich die Reformation der deutschen Schweiz. Seine erste theoretische Schrift erschien 1523. Im Unterschied zum „Vielschreiber" Luther war sein Wirken stärker an der reformatorischen Praxis orientiert. Einerseits verfolgte der Schweizer das gleiche Ziel wie Luther, nämlich die Erneuerung der katholischen Kirche. Andererseits führte Zwingli mit Luther einen Streit über das Abendmahlsakrament. Bei diesem Streit um das Abendmahl (einer Feier zum Gedächtnis des letzten Mahles von Jesus mit seinen Jüngern, bei der der Gemeinde Brot und Wein gereicht wird) ging es um die Frage der Anwesenheit von Jesus. Luther war davon überzeugt dass Christus beim Abendmahl real gegenwärtig sei, nämlich dessen Leib im Brot und dessen Blut im Wein. Zwingli dagegen vertrat die Auffassung, dass die Gegenwart Christi beim Abendmahl nur symbolisch gegeben sei, dass also Brot und Wein sinnbildlich an den Opfertod Christi erinnern sollten. Der zunächst schriftlich ausgetragene Abendmahlstreit konnte auch bei einem gemeinsamen – ersten und einzigen – Treffen zwischen Zwingli und Luther 1529 nicht ausgeräumt werden.

Anmerkungen: Vgl. Das neue Duden Lexikon 1984, Bd. 1, S. 22, Lexikon 2000 1990, Bd. 1, S. 8 f., Shafy 2015, S. 114 und Stauffacher 1966, S. 3943.

3.2.3 Johannes Calvin (1509–1564)

Der Franzose Johannes Calvin (eigentlich Jean Chauvin) studierte in Paris auf Wunsch seines Vaters zunächst Jura. Nach dessen Tod nahm er das Studium alter Sprachen auf, begeisterte sich für die Idee der Reformation und entwickelte sich zu einem der Hauptakteure dieser Bewegung. Mit seinem 1531 erschienenen Buch „*Institutio Christianae Religionis*" (Unterricht in der christlichen Lehre) schrieb Calvin einen reformatorischen Bestseller. Da in Frankreich die Verfolgung Reformierter auf der politischen Tagesordnung stand, zog der französische Reformator 1541 ins reformierte schweizerische Genf.

Wie Zwingli stimmte auch Calvin mit dem reformatorischen Gedankengut Luthers grundsätzlich überein. Von Luther unterschied sich Calvin aber vor allem durch seine Lehre von der doppelten Prädestination (*praedestinare*, lat.: vorherbestimmen), das heißt von der göttlichen Vorherbestimmung des einzelnen Menschen entweder zur Seligkeit oder zur Verdammnis. In der Auseinandersetzung mit der Frage nach der Prädestination (die zwangsläufig die Frage nach der Willensfreiheit beinhaltet) war Luthers Position die, dass das Heil des Menschen nicht von dessen persönlicher Willensentscheidung, sondern von der Gnade Gottes, abhängt. Indem Calvin noch intensiver als Luther die Aussichtslosigkeit des Menschen, auf das eigene Heil und die eigene Verdammnis einwirken zu können, herausstellte, geriet seine Prädestinationsauffassung in die Nähe eines von Gott organisierten Schicksalsplans.

Bemerkenswert ist, dass Calvin einige zu Zwinglis Lehre bestehende Glaubensdifferenzen mit diesem 1549 beilegen konnte. Denn dadurch war die Voraussetzung für die Entstehung eines einheitlichen Reformiertentums (Zwinglianer und Calvinisten) gegeben, das sich vom Luthertum (Lutheraner) abgrenzte.

Calvin fungierte als einer der einflussreichsten Reformatoren Westeuropas. Seine Lehre breitet sich unter anderem in Frankreich, in den Niederlanden, in Schottland sowie in England aus und gelangte von dort nach Amerika.

Anmerkungen: Vgl. Das neue Duden Lexikon 1984, Bd. 1, S. 22, Lexikon 2000 1990, Bd. 8, S. 3038 u. Bd. 15, S. 3946 und Lüpke 2015, S. 113–114.

3.3 Differenzierung der Kirche

Die Reformation hatte eine von Luther selbst nicht beabsichtigte Differenzierung der christlichen Organisation Kirche zur Folge. Es bildete sich erstens neben der katholischen die protestantische Kirche aus. Der Name dieser neuen Organisation des Christentums ging auf die Protestation, den Protest der evangelischen Stände gegen die kaiserliche

Reichspolitik auf dem 2. Reichstag zu Speyer 1529, zurück. Zu einer gegenseitigen Anerkennung von Katholiken und Protestanten kam es übrigens 1555 beim Augsburger Religionsfrieden.

Zweitens ließ sich eine interne Differenzierung der protestantischen Kirche beobachten, nämlich die Unterteilung der protestantischen Kirche in zwei Hauptzweige, die aus den dogmatischen Unterschieden zwischen den Vätern der Reformation resultierte. Es kam einerseits die auf dem Luthertum basierende lutherische Kirche auf. Andererseits entfaltete sich die reformierte Kirche, die auf die Reformatoren Zwingli und Calvin zurückging. Die Voraussetzung zur Entstehung einer einheitlichen reformierten Kirche war, wie bereits oben angesprochen, dadurch gegeben, dass Calvin und Zwingli 1549 im Consensus Tigurinus zwischen ihnen stehende Glaubensdifferenzen beilegen konnten.

Zusätzlich zu den beiden Hauptzweigen differenzierten sich drittens innerhalb der protestantischen Kirche weitere Religionsgemeinschaften mit unterschiedlichen Bekenntnisformen aus. Zu den Mitgliedern dieser im europäischen und amerikanischen Raum angesiedelten Bekenntnisgemeinschaften zählten und zählen zum Beispiel die Hugenotten, Puritaner, Quäker, Anglikaner und Methodisten.

Anmerkungen: Vgl. Das neue Duden Lexikon 1984, Bd. 8, S. 3065 u. 3146, Duden Fremdwörterbuch 1966, S. 420 u. 1100, Frank / Schneider 2015, S. 69, Lexikon 2000 1990, Bd. 15, S. 4047, Lüpke 2015, S. 113 und Stauffacher 1966, S. 2885 u. 2951.

4. Kunst

4.1 Renaissancestil

Der Umbruch in der Renaissance, der Zeit des Übergangs vom Mittelalter zur Neuzeit, war auch in der Kunst zu erkennen. An die Stelle des mittelalterlichen Gotikstils trat der Renaissancestil.

- **Baustil**

Der neue Stil entfaltete sich vor allem in der Architektur. Die Baukunst orientierte sich – dem Gedankengut der Renaissance entsprechend – an antiken Vorbildern und griff unter anderem auf griechische Säulen und römische Bögen zurück. Im Unterschied zum gotischen Baustil, der die senkrechte Gliederung bevorzugte, betonte der Renaissancestil die waagrechte Aufteilung. Im Stil der Renaissance wurden etliche weltliche Bauten wie Burgen, Rathäuser, Villen, Paläste und Schlösser (z. B. das Alte Schloss in Stuttgart) gebaut.

- **Kleidungsstil**

Darüber hinaus wurde der neue Kunststil von der Mode absorbiert. Die vertikale Kleidungssilhouette der Gotik wurde durch die horizontale Kleidungssilhouette der Renaissance ersetzt. Besonders gut lässt sich dieser Wandel der Kleidungssilhouette an der Schaube, dem kurzen Männermantel der Renaissance, beobachten. Die in weiten Falten von den Schultern bis zu den Knien fallende Schaube mit ihrem großen Schulterkragen und ihren weiten Ärmeln ließ den Modekörper des Renaissancemannes nämlich breit und eckig erscheinen (s. Abb. 7, S. 43).

Anmerkungen: Vgl. Broby-Johansen 1988, S. 126 f. u. 266, Eberle u. a. 1991, S. 213, Hansen 1954, S. 129 und Kühnel 1992, S. IX.

4.2 Renaissancekünstler

Zu den bedeutendsten Künstlern der deutschen Renaissance gehören Albrecht Dürer, Lucas Cranach der Ältere und Hans Holbein der Jüngere. Insbesondere deren Porträtwerke sind wertvolle Informationsträger über die Mode der damaligen Zeit.

4.2.1 Albrecht Dürer (1471–1528)

Der Nürnberger Abrecht Dürer darf wohl mit Recht als bedeutendster Maler der deutschen Renaissance bezeichnet werden. Er gilt zugleich als Begründer der Graphik in Holzschnitt und Kupferstich. Das Schaffen des Nürnberger Künstlergenies war von der humanistischen Weltanschauung geprägt, die den Menschen als ein Individuum mit freiem Willen in den Mittelpunkt stellte, wobei Dürer von der Willensfreiheit beider Geschlechter ausging. Dürer war mit den führenden Humanisten seiner Zeit eng verbunden. Auf einer Reise in die Niederlande lernte er Erasmus von Rotterdam und andere Humanisten kennen. In seiner Heimatstadt Nürnberg wurde Dürer vom dortigen Humanistenkreis unterstützt.

■ Porträts

Wie bei den Künstlern der italienischen Renaissance wiesen Dürers Werke eine große Realitätsnähe auf. Auf seinen Gemälden waren Pflanzen, Tiere und Menschen realistisch, naturgetreu und detailliert abgebildet. Berühmtheit erlangte Dürer in erster Linie durch seine Porträts. Das von ihm 1497 geschaffene Bildnis seines Vaters mit ausgeprägten individuellen Gesichtszügen gilt als erstes Porträt der deutschen Renaissance. Ein Novum in der europäischen Kunstgeschichte waren außerdem die drei Selbstporträts des Nürnberger Künstlers. Diese zeigten nämlich den Menschen Dürer als eigenständiges Bild und nicht (wie die bisherigen Selbstbildnisse von Künstlern) zusammen mit weiteren Objekten:

1. *Selbstporträt von 1484:* Das vom 13-jährigen Dürer 1484 gezeichnete schwarzweiße Selbstbildnis wird als frühestes Selbstporträt eines europäischen Malers und zugleich als erste Kinderzeichnung in der Geschichte der Kunst eingestuft.

2. *Selbstporträt von 1498:* Das farbige Selbstbildnis des Nürnbergers von 1498 stellt diesen in Seitenansicht dar und gibt einen Einblick in die modische Männerkleidung (Frisur, Kopfbedeckung und Hemd) der deutschen Renaissance zur Dürerzeit.

3. *Selbstporträt um 1500:* Das um 1500 in Frontalansicht gemalte Selbstporträt Dürers wird von vielen Experten als das bedeutendste Kunstwerk der deutschen Renaissance aufgefasst, aus mehreren Gründen. Zum einen gleicht das Selbstbildnis Dürers einer Christusikone. Durch die Christuspose zeigt sich die humanistische Auffassung vom Menschen als einem Individuum, das sich seiner selbst gewiss ist und Anteil am Göttlichen hat. Zum anderen lässt das Bild eine meisterliche Detailbeherrschung des Malers erkennen, vor allem im Hinblick auf das gelockte Haar, die gezwirbelten Spitzen des Schnauzbärtchens, den sorgfältig gekämmten Kinnbart, den Mantelkragen aus Marderfell und die feingliedrige Hand, die Dürer als Künstler kennzeichnet, der sich vom bloßen Handwerker unterscheidet. Außerdem wird offensichtlich, dass mit dem Porträt nicht nur der visuelle, sondern auch der taktile Sinn des Betrachters angesprochen wird, etwa durch das fein gepinselte Kragenfell, das Dürer durch seine Finger gleiten lässt.

Betrachtet man das Selbstbildnis aus vestimentärer oder kleidungsbezogener Perspektive, deutet dieses auf den gesellschaftlichen Aufstieg des Künstlers an die Spitze der Nürnberger Gesellschaft hin. Denn in der damaligen Zeit war es nur der High Society, etwa den Ratsherren, gestattet, einen mit kostbarem Marderfell verzierten Mantel zu tragen.

■ Handzeichnungen und Kupferstiche

Neben den Porträts lassen sich als weiter Quellen für Kleidung aus der Hand Dürers Handzeichnungen (z. B. Nürnbergerin im Tanzkleid mit Schleppe sowie Nürnbergerin im Hauskleid mit Goller und Schürze, 1500) und Kupferstiche (z. B. Der Koch und sein Weib, um 1498 sowie Der Bauer und seine Frau, um 1497–1500) anführen.

Anmerkungen: Vgl. Lexikon 2000 1990, Bd. 6, S. 1601, Stauffacher 1966, S. 969, Thiel 1980, S. 171, 174 u. 182, Vahland 2015, S. 34–51 und Wolf 2015a, S. 67–69.

4.2.2 Lucas Cranach der Ältere (1472–1533)

Der Maler Lucas Cranach der Ältere wurde 1472 unter dem Namen Moller oder Maler im fränkischen Kronau geboren. Im Alter von 30 Jahren nannte er sich nach seiner Geburtsstadt Cranach. Seit 1503 war der Franke in der kunstinteressierten Stadt Wien künstlerisch tätig. 1505 erfolgte seine Berufung als Hofmaler an den Hof von Kurfürst Friedrich dem Weisen in Wittenberg, einer Stadt, die 1502 zur Universitätsstadt aufgestiegen war und die 1517 Lutherstadt werden sollte.

■ **Porträtist**

Cranach machte sich vor allem als Porträtist einen Namen. In seinem Wittenberger Werkstattbetrieb stellte er zeitgenössische Persönlichkeiten wie Regenten, Gelehrte und Kaufleute auf Gemälden, Kupferstichen und Holzschnitten dar. Der Franke war der erste Künstler in Deutschland, der die Porträtmalerei mit der Landschaftsdarstellung verknüpfte. Außerdem fertigte er als erster deutscher Künstler ganzfigurige Porträts an und schuf dadurch wichtige Bildzeugnisse von der Mode seiner Zeit.

Im Vergleich zu Dürer war Cranachs Porträtkunst durch ein deutlich höheres Arbeitstempo bestimmt. Zu diesem Sachverhalt passen die Worte, die auf dem Cranachschen Grabstein in Weimar zu lesen sind: *pictor celerimus*, das heißt schnellster Maler. Grundlage für das immense Arbeitstempo Cranach war, dass er seine Werkstatt nicht in der Art einer traditionellen Künstlerwerkstatt, sondern in der Art einer Fließbandwerkstatt oder Gemäldefabrik betrieb. Dies zeigen die folgenden Beispiele:

1. *Vorratshaltung:* Für seine Porträtproduktion legte Cranach eine Vorratssammlung an. Diese enthielt unter anderem einen Stoß Holztafeln, einen Pool frisch gemischter Farben sowie eine Fülle von Porträtvorlagen.

2. *Arbeitsteilung:* Cranach hatte mehrere Mitarbeiter, die er nach dem Prinzip der Arbeitsteilung einsetzte. Zum Beispiel trug der Hofmaler selber die Umrisslinien eines Porträts auf, das er seine Gesellen grob ausmalen ließ. Feine Details wie Brokatfäden und Pelzhaare arbeitete der Meister dann persönlich aus.

3. *Spezialwerkzeug:* Zur Arbeitsbeschleunigung erfand Cranach unter anderem einen Spezialpinsel mit aufgesplitterter Spitze. Mit diesem neuen gröberen Pinsel konnte der Meister mit einem Strich ein ganzes Fellhaarbüschel auftragen, statt wie zuvor mit dem feinen Spitzpinsel jedes Fellhärchen einzeln aufzumalen.

4. *Technikkombination:* Der Hofmaler kombinierte die herkömmliche Tafelbildmalerei mit der 1445 aufgekommenen schnelleren Drucktechnologie. Statt Porträtinschriften wie allgemein üblich mit dem Pinsel aufzumalen, ließ er diese auf Papier drucken und auf die Gemälde aufkleben.

5. *Standardisierung:* Beim Malen von Porträts entwickelte Cranach einen standardisierten Stil, den auch seine Mitarbeiter praktizieren konnten. Dies hatte beispielsweise zur Folge, dass auf Cranach-Porträts Frauen vielfach mit der gleichen Schmuckkette ausstaffiert sind.

■ Bildpropagandist

Cranachs Bedeutung resultierte nicht nur aus seiner Tätigkeit als Hofmaler, sondern auch aus seinem Wirken als Bildpropagandist der Reformation. Nach dem Aufstieg Wittenbergs zur Lutherstadt 1517 wurde Cranach allgemein zum PR-Experten der Reformation und speziell zum Werber Luthers, mit dem ihn eine Männerfreundschaft verband. Durch die Gewalt seiner Bilder unterstützte der Maler die Wortgewalt des Reformators und trug dadurch erheblich zum Gelingen der Reformationsbewegung bei.

Einerseits illustrierte Cranach die Schmähschriften Luthers und entwarf zum Beispiel die Holzschnittillustrationen für dessen Schrift „Passional Christ und Antichrist“. In diesen Holzschnittbebilderungen stellte der Künstler Szenen aus dem bescheidenen Leben Jesu solchen aus dem Luxusleben des Papstes vergleichend gegenüber. Etwa eine Szene, in der Jesus seinen Jüngern die Füße wäscht und küsst und eine Szene, in der der Papst sich seine Füße küssen lässt.

Andererseits vermarktete Cranach mit seiner Porträtkunst die Person Luthers, indem er den Reformationsbegründer vielfach mit Pinsel und Farbe malte sowie in Kupferplatten stechen und in Holztafeln schnitzen ließ. Durch die Porträtkunst des Wittenberger Hofmalers wurden das Antlitz Luthers zum Gesicht und dessen schwarzer Talar zum Gewand der Reformation.

Abb. 1 Martin Luther, das Gesicht der Reformation

Im Hinblick auf die von Cranach betriebene religionsbezogene Bildpropaganda ist außerdem bemerkenswert, dass der Künstler sich doppelt engagierte. Er übernahm nämlich Aufträge sowohl von der protestantischen als auch von der katholischen Seite.

Anmerkungen: Vgl. Fischer 2015, S. 70–83, Gretzschel 2015, S. 9 u. 14 f., Knöpfel 2015, S. 80–83, Lexikon 2000 1990, Bd. 5, S. 1405, Schade 1974, Stauffacher 1966, S. 782 und Wolf 2015b, S. 70–72.

4.2.3 Hans Holbein der Jüngere (1497–1543)

Hans Holbein der Jüngere wurde 1497 in Augsburg geboren. Er war in mehreren Städten künstlerisch tätig. Der Augsburger wirkte seit 1515 in Basel, ging 1526 nach London, kehrte 1528 nach Basel zurück, um dann 1532 endgültig nach London aufzubrechen, wo er 1543 starb.

- **Porträts**

Holbein, der sich schon früh auf die Porträtmalerei spezialisiert hatte, entwickelte sich zum herausragenden Porträtmaler der deutschen Kunst im 16. Jahrhundert. Kennzeichnend für die von Holbein mit technischer Perfektion gemalten Porträts war deren realistische Wirkung. Zum Beispiel waren Kleidungsdetails wie Pelzkragen und Stoffe exakt abgebildet. Außerdem lassen sich seine Porträts – und dies war die Stärke des Augsburgers – als lebensnahe Charakterstudien beschreiben. Die Holbeinschen Porträts wiesen eine so hohe Lebensnähe auf, dass man meinte, den Charakter der Abgebildeten zu erkennen. Aufgrund ihrer fotografischen Exaktheit bilden die Menschenbildnisse Holbeins eine wahre Fundgrube für die Erforschung der zeitgenössischen Kleidung. Bekannte Porträts Holbeins, die zugleich die Mode seiner Zeit bezeugen, sind:

1. *Erasmus von Rotterdam:* In seiner ersten Baslerzeit porträtierte Holbein Erasmus von Rotterdam, den er dort kennen lernte. Dieses Porträt trug nicht unwesentlich zum Ruhm beider, sowohl des niederländischen Humanisten als auch des deutschen Porträtmalers, bei.

2. *Thomas Moore:* Mit einem Empfehlungsschreiben von Erasmus in der Tasche machte sich Holbein 1526 nach London auf. Dort traf er mit dem Gelehrten Thomas Moore zusammen, der ein Freund von Erasmus und zudem Mitglied des Beraterkreises von König Heinrich VIII. war. Holbein erstellte einerseits ein Einzelporträt von Moore und andererseits ein Gruppenporträt von dem Gelehrten und dessen Familie.

3. *Hans Holbein:* 1528 nach Basel zurückgekehrt porträtierte Holbein ebenso sich und seine eigene Familie. Dieses Gruppenbild wird neben dem von Moore und dessen Familie zu den ersten privaten gemalten Familienporträts gezählt.

4. *Georg Gisze:* 1532 siedelte der gebürtige Augsburger endgültig nach London über. Dort fand er einen wichtigen Auftraggeber: die Hanse. Dieser mächtige überseeische Handelsverband mit dem Heimathafen Lübeck besaß Kontore oder Niederlassungen in vielen europäischen Städten, zu denen auch London gehörte. Holbein kam mit den deutschen Hansekaufleuten in Kontakt und erhielt von diesen Porträtaufträge. Das 1532 von Holbein gemalte Porträt des einflussreichen Fernhandelskaufmanns Georg Gisze bildet diesen in der Kleidung eines wohlhabenden Mannes ab und gilt als das bekannteste Bildnis eines Hansekaufmanns überhaupt.

5. *Heinrich VIII.:* In London fand Holbein einen zweiten wichtigen Auftraggeber: den Hof. 1536 wurde der Augsburger Porträtist von König Heinrich VIII. zum offiziellen Hofmaler ernannt. Noch heute ist das von Holbein geschaffene Porträt des englischen Herrschers berühmt, das Heinrich VIII. in voller Größe in zeitgenössischer Männerkleidung zeigt.

Erwähnung verdient außerdem, dass der englische König Holbein etliche Porträts anfertigen ließ, die man als „Brautschau-Porträts" bezeichnen könnte. Sie waren Bildnisse von geeigneten Heiratskandidatinnen für den heiratswilligen König, etwa ein Bildnis von Christina von Dänemark, der Herzogin von Mailand, in vornehmer Kleidung. Wie sehr Heinrich VIII. die Porträtkunst seines Hofmalers schätzte, illustriert das folgende Geschehen: Der englische König lehnte das Angebot eines deutschen Fürstentums ab, eine in Frage kommende Heiratsanwärterin von einem in Deutschland wirkenden Hofmaler porträtieren zu lassen. Statt auf den möglicherweise geschönten Blick eines anderen Hofmalers zu setzen, verließ sich Heinrich VIII. lieber auf den unbeirrbaren Blick und die realistische Malweise seines Hofmalers Holbein.

■ Trachtenstudien

Aus der ersten Baslerzeit Holbeins liegen neben Porträts auch Trachtenstudien vor, die als bildliche Informationsträger über die damalige Frauenkleidung genutzt werden können, etwa die Trachtenstudie „Adlige und bürgerliche Baslerin" aus dem Jahr 1521.

Anmerkungen: Vgl. Busch 2015, S. 26 u. 37, Jech 2015, S. 48, Lexikon 2000 1990, Bd. 9, S. 24, 16f., Stauffacher 1966, S. 1736, Stratenwerth 2015, S. 106–123 und Thiel 2000, S. 167, 174 u. 180.

5. Militär

■ Landsknechte vs. Ritter

Auch im militärischen Bereich vollzog sich in der Renaissance ein deutlicher Umbruch. Der mittelalterliche Berufskriegerstand des adligen Ritters wurde durch den des Söldners abgelöst. Söldner leisteten ohne Bindung an einen bestimmten Fürsten Kriegsdienst gegen Entgelt. In kriegerischen Auseinandersetzungen wurde der zu Pferde kämpfende Ritter durch den zu Fuß kämpfenden Söldner ersetzt und neben einer verbesserten Armbrust wurden zunehmend Feuerwaffen als Gewalt- bzw. Tötungsmittel eingesetzt.

• Zivilkleidung vs. Militärkleidung

Die neue Kampfweise und die neuen, verbesserten Waffen führten zu einem Verzicht auf die eiserne Rüstung, denn diese war weder aufgrund ihres Gewichtes von einem Fußkämpfer tragbar noch bot sie einen ausreichenden Körperschutz gegen die neue Form der Waffengewalt. Der Verzicht auf die als Militärkleidung fungierende Rüstung war an den deutschen Söldnern des 15./16. Jahrhunderts, den so genannten Landsknechten, zu erkennen, die das erste geordnete, das heißt diszipliniert kämpfende und damit den Ritterheeren überlegene Fußvolk darstellten und die Grundlage der späteren Heere bildeten.

In der Regel trugen die Landsknechte keine eiserne Rüstung mehr, mit Ausnahme der an vorderster Front kämpfenden Soldaten, und selbst diese legten nur noch Rüstungsteile an. Stattdessen trugen die Landsknechte beim Kampf Zivilkleidung, die – unter anderem aus Beweglichkeitsgründen – mit zahlreichen Schlitzen, versehen war.

Abb. 2 Deutsche Landsknechte, Radierung von Daniel Hopfer, 1. Hälfte 16. Jh. (Boehn 1923, S. 16)

Anmerkungen: Vgl. Schmidt 2007, S. 114 f.

6. Wissenschaft II: Textiltechnologie

In diesem Kapitel wird der Schwerpunkt auf die Schlitztechnologie gelegt, die als d i e typische „Textiltechnologie" der Renaissancekleidung gilt.

Mit der Schlitztechnologie wurden Schlitze, das heißt Spalten oder Risse, in die Oberfläche von Geweben wie Samt, Seide und Taft sowie von Leder eingebracht. In der Fachliteratur werden diese Gewebe als zerhackte oder gehackte Stoffe bezeichnet. Dementsprechend werden die aus den geschlitzten Stoffen gefertigte Gewandteile zerhauene Gewänder oder geschlitzte Kleidungsstücke genannt.

Anmerkungen: Vgl. Hansen 1954, S. 129, Jaritz 1992d, S. 228 f., Koch-Mertens 2000, S. 198 f., Pfeiffer 1997, S. 1215 f., Thiel 2000, 157 und Wolf 1993, S. 37.

6.1 Schlitztechniken

Die Schlitze der deutschen Renaissancekleidung zeigten sich differenziert. Sie traten in unterschiedlicher Länge, Breite und Anzahl auf und erstreckten sich in unterschiedliche Richtungen (senkrecht, diagonal, waagrecht). Wie Arnold durch die Analyse von zahlreichen Kostümen und Porträts herausfand, setzte man zur Schlitzung von Gewandteilen und Stoffen unterschiedliche Schlitztechniken ein. Diese richteten sich nach der Länge und der Anzahl der Schlitze (vgl. Arnold 1975, S. 22):

1. *Schneiden:* Mittellange Schlitze (ca. 2–3 cm) wurden mit einer Schere eingeschnitten. Längere Schlitze (ab etwa 3 cm) schnitt man entweder mit einem scharfen Messer unter Zuhilfenahme eines Brettes ein; diese Schlitztechnik setzte allerdings eine ruhige Hand des Schlitzenden voraus. Oder man gebrauchte eine Schere mit langen Klingen; dieses Werkzeug wurde vor allem dann verwendet, wenn Schlitze in ein mehrlagig gefaltetes Gewandmaterial (z. B. drei Materiallagen aus Seide) eingebracht werden sollten.

2. *Stanzen:* Mit der Stanztechnik fabrizierte man kurze Schlitze bzw. Löcher (bis etwa 2 cm) sowie mittellange Schlitze (ca. 2–3 cm). Als Werkzeuge wurden Hammer und Block benutzt sowie Stanzen verwendet. Im Unterschied zum Einschneiden konnte man durch Stanzen exakt gleich lange Schlitze hervorbringen.

3. *Einbrennen:* Zur Schlitzerzeugung wurde wahrscheinlich auch das Einbrennen mit einem (Loch-)Eisen praktiziert. Es wird angenommen, dass das Einbrennen von Schlitzen aus ökonomischen Gründen ausgeführt wurde. Denn es ist kaum vorstellbar, dass die Schlitze eines mit Schlitzen übersäten Gewandes eingeschnitten wurden. Das – womöglich noch musterartige – Einschneiden einer großen Anzahl von Schlitzen auf einem Gewandteil hätte nämlich einen immens hohen Aufwand an Zeit und Kosten verursacht. Man denke in diesem Zusammenhang etwa an das Wams des Augsburger Matthäus Schwarz, das nach eigenen Angaben mit 4.800! Schlitzen überhäuft war (s. Abb. 9, S. 48).

4. *Einweben:* Neben dem Einbrennen von Schlitzen n a c h dem Weben wird in der kostümkundlichen Literatur bisweilen auch das Einweben von Schlitzen b e i m Weben als geeignete (weil ebenfalls Zeit und Kosten sparende) Schlitztechnik zur Verzierung von Renaissancekleidung mit einer hohen Schlitzanzahl angegeben. Die Nutzung des Schlitzwebens zum Überziehen von Gewandteilen mit unzähligen kleinen Schlitzen aus wirtschaftlichen Gründen mutet allerdings wenig plausibel an. Denn das Schlitzweben ist, zumal bei winzig kleinen Schlitzen, eine komplizierte und zeitraubende Textiltechnologie[1].

Anmerkungen: Vgl. Arnold 1975, S. 22, Fink 1963, S. 135, Hansen 1954, S. 129, Koch-Mertens 2000, 198 f. und Thiel 2000, S. 179 f.

6.2 Schlitzmuster

Mit der Schlitztechnologie wurden in der Renaissancezeit nicht nur Schlitze gemacht, sondern auch Schlitzmuster gebildet. Bei diesen lassen sich diejenigen Muster unterscheiden, die durch eine einfache

[1] Zum Schlitzweben von Saristoffen vgl. Schmidt 2016, S. 30.

Schlitzung entstanden sind, und solche, die aus einer weitgehenden Aufschlitzung resultieren.

■ **Einfache Stoffschlitzung**

Bei der Musterbildung durch eine einfache Stoffschlitzung setzte man zum einen das Einzelmotiv Schlitz beispielsweise zu Blumen-, Sternen-, Rosetten-, Mondsichel- und Zickzackmustern zusammen.

Abb. 3 Schlitzmuster mit dem Einzelmotiv Schlitz

Zum andern wurden zum Sichtbarmachen dieser Schlitzmuster Farbkontraste verwendet, die durch das Unterlegen der geschlitzten Stoffstellen mit andersfarbigen Futterstoffen erzielt wurden. Einen sozusagen natürlichen Farbkontrast (d.h. einen Farbkontrast ohne zusätzliche Unterlegung eines andersfarbigen Futterstoffes) bildete das geschlitzte farbige Wams zum unter den Schlitzen hervorschauenden weißen Hemd (s. Abb. 8).

- **Weitgehende Stoffaufschlitzung**

Die Schlitzmuster, die aus einer weitgehenden Aufschlitzung der Stoffe hervorgingen, lassen sich exemplarisch am Wamsärmel beschreiben:

1. *Stoffstreifen und Futterstoffe:* Dadurch, dass man den Wamsärmel nicht selten in seiner ganzen Länge (z.B. im Abstand von 3 cm) aufschlitzte, erhielt man lange vertikale Stoff- bzw. Gewebestreifen. Das vollständige Aufschlitzen der Wamsärmel erfolgte mitunter auch in diagonaler Richtung. Dies führte dazu, dass sich die Stoffstreifen beim Bewegen der Arme serpentinenartig schlängelten.

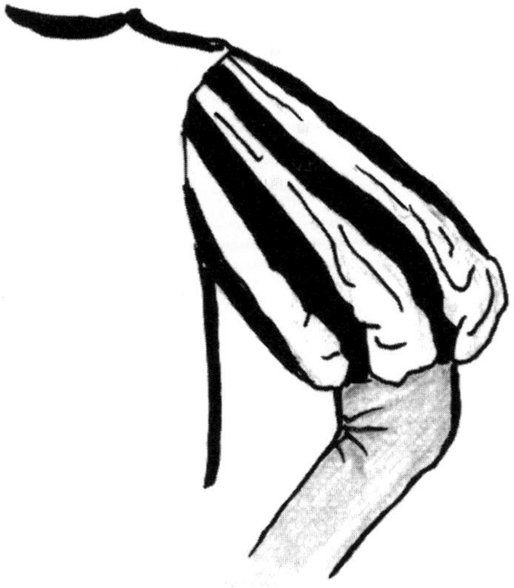

Abb. 4 Aufgeschlitzter Wamsärmel mit hervorquellendem Futterstoff

Durch den Einsatz von Farbe wirkten die Schlitzdekorationen am Wamsärmel besonders eindrucksvoll und raffiniert. Die aufgeschlitzten Ärmel wurden üblicherweise mit einem andersfarbigen Futterstoff unterlegt, der sich durch die Schlitze bauschte bzw. durch die Schlitzung hervorquoll. Zum Beispiel wurde ein roter Wamsärmel mit einem grünen Futterstoff unterlegt, was einen starken Komplementärkontrast bewirkte. Als Futtermaterial wählte man dünne und feine Stoffe wie Taft und Seide.

2. *Puffen, Nesteln und Schleifen:* Die durch das Aufschlitzen des Wamsärmels erzielten langen Stoffstreifen wurden vielfältig weiterverarbeitet. Zum einen schnürte man sie mit quer gelegten Bändern (z. B. im Abstand von 6 cm) ab, so dass Puffen entstanden. Diese Querbänder konnten sichtbar oder durch überlagernde Stoffstreifen verdeckt sein. Zum anderen fügte man die langen Stoffstreifen, etwa mit Nesteln, wieder zusammen (s. Abb. 19, S. 69). Darüber hinaus konnten die langen Stoffstreifen mit zusätzlichen winzigen Schlitzen verziert und mit Schleifen dekoriert sein.

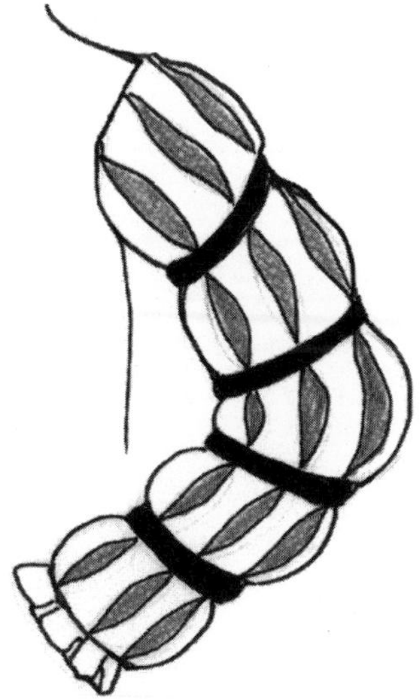

Abb. 5 Puffen mit sichtbaren Querbändern

Abb. 6 Puffen mit verdeckten Querbändern

3. *Mi-parti:* Die Buntheit geschlitzter Kleidung – und dies geht über das Beispiel des Wamsärmels hinaus – wurde außerdem durch die Verbindung des Aufschlitzens mit dem *Mi-parti* hervorgerufen. Diese Kombination war insbesondere an den Pluderhosen der Landsknechte zu beobachten. Mit der Gestaltungstechnik des *Mi-parti* (frz., halb geteilt) wurden die geschlitzten Beine der Pluderhose, aus der schon die andersfarbigen Futterstoffe hervorquollen, noch zusätzlich durch die Verwendung unterschiedlicher Farben hälftig aufgeteilt. Diese hälftige Aufteilung der Hosenbeine erfolgte meist in vertikaler Richtung.

Insgesamt betrachtet, umhüllten die durch Aufschlitzung von Kleidungselementen erzielten farbigen schlitzmodespezifischen Dekorationen den Körper des Renaissancemannes wie ein lockeres Gespinst, das bei jeder Bewegung ein kontrastreiches und wechselndes Farbenspiel bot.

Anmerkungen: Vgl. Hansen 1954, S. 125 f., Hottenroth 1896, S. 502–504, Jaritz 1992d, S. 228 f., Koch-Mertens 2000, S. 198 f., Thiel 2000, S. 157 und Wolf 1993, S. 37 u. 57.

7. Mode I: Kleidung der Männer

Abb. 7 Kleidung des deutschen Renaissancemannes: Barett, Vollbart, Hemd, Wams, Faltrock, kurze Schaube, Kniehose, Strümpfe, Kuhmäuler; Ausschnitt aus einem Porträtteppich 1535, Nachzeichnung

7.1 Quellenlage

Die Quellenlage zur Männerkleidung in der deutschen Renaissance zeigt sich different. Einerseits existieren nur noch wenige originale Kostüme. Dieser Sachverhalt ist – neben der natürlichen Vergänglichkeit textilen Kleidungsmaterials – vor allem darauf zurückzuführen, dass sich das Interesse an aus der Mode gekommenen Gewändern damals in Grenzen hielt. Wenn überhaupt, wurden Gewänder hochrangiger oder verehrter bzw. geschätzter Persönlichkeiten aufbewahrt. Aber auch mit diesen Kleidungsobjekten wurde mitunter respektlos umgegangen. So wird beispielsweise berichtet, dass der mit Gold, Silber und Perlen verzierte Kaisermantel Maximilians I. zerlegt und die schmückenden Materialien veräußert wurden. Andererseits sind eine Fülle indirekter Quellen vorhanden, die über die Kleidung des deutschen Renaissancemannes Auskunft geben. Diese setzen sich aus bildlichen und schriftlichen Quellen sowie einer Kombination dieser beiden Quellenarten zusammen.

■ Bildliche Quellen

Zu den bildlichen Quellen für die Kleidung des deutschen Renaissancemannes zählen unter anderem Porträtwerke, etwa im Porträttypus eines Gemäldes oder einer Tapisserie.

1. *Gemälde:* Eine aufschlussreiche vestimentäre Quelle ist beispielsweise das 1533 von Barthel Beham gemalte Porträt des Pfalzgrafen Ottheinrich mit geschlitztem farbigem Wams und weißem Hemd. Dieses Porträt ist in den Bayerischen Staatssammlungen, München ausgestellt.

Abb. 8 Pfalzgraf Ottheinrich mit geschlitztem farbigem Wams und weißem Hemd, Barthel Beham 1533, Nachzeichnung

2. *Tapisserien:* Als prominenten Vertreter eines gewirkten Porträts lässt sich der Neuburger Porträtteppich mit dem Bildnis des Pfalzgrafen Ottheinrich in modischer Renaissancekleidung aus dem Jahr 1535

anführen. Der berühmte Wirkteppich aus Wolle, Seide sowie Gold- und Silberlahn ist im Schloss Neuburg an der Donau zu bewundern (s. Abb. 7, S. 43).

■ Schriftliche Quellen

Bei den schriftlichen Quellen sind die Kleiderordnungen und die zelotischen Schriften hervorzuheben.

1. *Kleiderordnungen:* Eine ergiebige Quelle für die Kleidung des deutschen Renaissancemannes bilden die im Rahmen von Luxusgesetzen, Polizeiverordnungen, Stadtordnungen etc. erlassenen Kleiderordnungen, deren Verbreitung durch die Erfindung des Buchdrucks (1445) gesichert war. Die bedeutendste Kleiderordnung dieser Zeit war die Reichsordnung aus dem Jahr 1530, die darauf abzielte, „/ dass sich eyn jeder / wes wirden oder herkommen der sei / nach seinem stand / ehren vnd vermögen trag / domit in jeglichem stand vnterschiedlich erkannt sein mög /" (Reichsordnung 1530, zit. nach Thiel 2000, S. 184). Das Ziel dieser „Reichs-Kleiderordnung" war demnach die sofortige Erkennbarkeit des Standes einer Person an deren Kleidung bzw. die Aufrechterhaltung der Standesschranken mit Hilfe des Distinktionsmittels Kleidung.

Diese Zielsetzung hatte einen triftigen Grund: Die deutsche Renaissancezeit zeigte sich in ihren Anfängen als eine Zeit des sozialen Umbruchs, in der die Standesschranken ins Wanken gerieten. Der Versuch, die Standesschranken einzureißen, zeigte sich nicht nur in den Bauernaufständen, also in Aktionen im militärischen Bereich. Sondern das Bestreben nach Emanzipation äußerte sich auch im Bereich der Mode, nämlich dadurch, dass die sozialen Unterschiede in der Kleidung zunehmend geringer wurden und sich immer weniger Leute an Kleidervorschriften hielten.

Nach dem Niederschlagen der Bauernaufstände, das 1525 im Großen Deutschen Bauernkrieg endete, hielt es die Obrigkeit von „Reichs wegen" (Thiel 2000, S. 184) für erforderlich, sich um das Wiedereinziehen der visuellen Standesschranken zu bemühen. Es wurde eine Reichsordnung erlassen, in der genaue Kleidungsverbote – und damit zugleich die Beschreibungen dieser verbotenen Kleidungsstücke und Accessoires – für die einzelnen Stände und Ränge aufgelistet waren:

zum Beispiel für Bauern, Handwerker, Bürger, Kaufleute, dem Adel, Doktoren, Grafen, Landsknechte und Juden. Wie detailliert diese Ordnung der Kleider war, lässt sich im Übrigen daraus entnehmen, dass darin sogar Ausführungen zum Pferdezeug – als einem sozusagen den Stand kennzeichnenden Accessoire – enthalten sind.

2. *Zelotische Schriften:* Aufschlussreiche schriftliche Informationen über die Kleidung des deutschen Renaissancemannes lassen sich auch den zeitgenössischen zelotischen Schriften entnehmen, insbesondere der in Schriftform veröffentlichten Predigt von Andreas Musculus über den Hosenteufel aus dem Jahr 1555.

- Kombination bildlicher und schriftlicher Quellen

Eine interessante Kombination bildlicher und schriftlicher Quellen machen die so genannten Kleidungsbücher aus. Bei diesen sind die Hofkleidungsbücher und die bürgerlichen Kleidungsbücher zu unterscheiden.

1. *Hofkleidungsbücher:* Die Hofkleidungsbücher betrafen die am Hof getragenen Kostüme. Ein bemerkenswertes Hofkleidungsbuch stellt das Kleidungsbuch Herzog Wilhelms IV. dar. In diesem Buch sind über 100 einzelne Kostümzeichnungen von Angehörigen seines Hofstaates, zum Beispiel von Rittern und Jägern, enthalten. Diese farbigen Zeichnungen aus den Jahren 1508–1564 sind chronologisch geordnet und bis zum Jahr 1951 mit einem Begleittext versehen, aus dem unter anderem der Verwendungszweck der einzelnen Kostüme zu ersehen ist.

2. *Bürgerliche Kleidungsbücher:* Als ein besonders aufschlussreiches kostümgeschichtliches Dokument gilt das bürgerliche Kleidungsbuch des Augsburgers Matthias Schwarz (1497–1560), der bei den Fuggern als Buchhalter tätig war. Der modebegeisterte Schwarz ließ seine Kleidungen ab seinem 23. Lebensjahr kontinuierlich – sozusagen auf buchhalterische Weise – von einem Maler zeichnen. Er selbst komplettierte diese „Modezeichnungen" mit einem kurzen beschreibenden Text, der bisweilen auch Angaben zur Bekleidungstechnik und zum Kleidungsmaterial enthielt.

Das im Herzog-Anton-Ulrich-Museum in Braunschweig aufbewahrte Schwarzsche Kleidungsbüchlein lässt sich als eine Art kleidungsbiographisches Tagebuch kennzeichnen. Sein Verfasser wurde vom ehemaligen Direktor dieses Museums „zum ersten deutschen Geschichtsschreiber der Kostümkunde“ (Fink 1963, S. 21) erklärt. Und von englischen Historikern wurde das in Handschrift verfasste mit 137 Illustrationen versehene Büchlein aktuell als „The First Book of Fashion“ (Rublack / Howard 2015, Buchtitel) eingestuft.

Abb. 9 Matthias Schwarz in modischer Schlitzkleidung, „Klaidungsbüchlein“ 1523, Illustration 61 (Christensen 1934, Bild 41 o.S.)

Im Hinblick auf die Schlitzmode der deutschen Renaissance ist die Illustration 61 interessant. Sie präsentiert den Augsburger Schwarz im geschlitzten Wams und in geschlitzter Hose und ist mit folgender Textbeschreibung versehen: *„Im Martzo 1523. Das wams barchat, het 4800 schnitz mit samat wilschlen, alles weiß."* (Fink 1963, S. 135) Das von Schwarz getragene Wams wies demnach die extrem hohe Anzahl von 4.800 – zwangsläufig winzig kleinen – Schlitzen, sowie Wülste („wilschlen") bzw. Puffen aus weißem Samt auf.

Anmerkungen: Vgl. Christensen 1934, S. 7 u. 9f., Fink 1963, S. 21 u. 153, Miller / Embleton / Richards 2004, S. 32, Musculus [1555] 1978, Rublack / Hayward, Hrsg. 2005, Thiel 2000, S. 182–188 und Von Kaisers Gnaden 2005, S. 179f., 198 u. 201.

7.2 Kleidungsstücke für den Oberkörper

Wie die Abb. 7 zeigt, bekleidete der modische Mann der deutschen Renaissance seinen Oberkörper mit einem Wams bzw. einem Faltrock sowie mit einem Hemd und einer Schaube.

- Wams

Das Wams (oder der Wams) lässt sich als ein Kleidungsstück beschreiben, das sich vom militärischen Untergewand zum zivilen Obergewand entwickelt hatte: *Im 13. Jahrhundert* war das Wams ein militärisches Kleidungsstück. Es wurde in gepolsterter Form vom kämpfenden Ritter zum Schutz seines Oberkörpers unter dem Panzerhemd angelegt. *Im 14. Jahrhundert* wurde das Wams in die männliche Zivilkleidung übernommen. Es zeigte sich eng und brustbetont, wobei die Hervorhebung der Brust bisweilen durch eine Wattierung verstärkt wurde. Das Wams wurde unter der Schecke, einer eng anliegenden kurzen Jacke, getragen und durch diese fast völlig verdeckt. *Im 16. Jahrhundert* präsentierte sich das Wams als ein miederartiges taillenkurzes Oberteil von mäßiger Weite, das vom Renaissancemann sichtbar unter der stets offenen Schaube, einem mantelartigen Kleidungsstück, getragen wurde. Durch diese Trageweise mauserte sich das Wams zum Obergewand.

Das Wams des 16. Jahrhunderts trat hauptsächlich in zwei Varianten auf. Es war entweder ein hochgeschlossenes Wams, das auf der Vorderseite geknöpft oder geschnürt wurde. Oder es zeigte sich als ein Wams mit einem großen, runden oder viereckigen, Ausschnitt, das über den Kopf gezogen wurde und seitlich oder auf der Schulter Verschlüsse besaß.

Als Wamsmaterial wurde beispielsweise Barchent, ein köperbindiges Leinenkett- Baumwollschuss-Gewebe, verwendet.

Unter modischer Perspektive stellten die Wamsärmel den wichtigsten Teil des Wamses dar. Zum einen – und dies war typisch für das Wams zur Zeit der Renaissance und Reformation in Deutschland – präsentierten sich die Wamsärmel reich und vielfältig verziert, etwa mit Bauschen, Puffen Schlitzen und Stickereien.

Zum anderen waren die Wamsärmel meist nicht angenäht, sondern angenestelt. Die mit Nesteln am Wams befestigten Wamsärmel konnten abgenommen und ausgetauscht werden. Damit waren die Wamsärmel variierbar bzw. modisch veränderbar. Hinzu kommt, dass die Nesteln nicht nur eine praktische Funktion, nämlich die Verbindung von Wams und Ärmeln, hatten, sondern auch selbst als schmückendes Element wirkten. Diese dekorative Wirkung ist nicht zuletzt darauf zurückzuführen, dass Nesteln im Unterschied zur Schnürung getrennt voneinander arrangiert werden.

Anmerkungen: Koch-Mertens 2000, S. 198, Hundsbichler 1992b, S. 177, Loschek 1988, S. 469, Thiel 2000, S. 168f., Wisniewski 1996, S. 29 und Wolf 1993, S. 57.

▪ Faltrock

Über dem Wams oder anstelle des Wamses wurde der Faltrock (oder Paltrock) angelegt. Dieser lässt sich als ein Wams mit Schoß charakterisieren. Bei dem Schoß des Falt-Rocks handelte es sich um ein in der Taille angesetztes knielanges Teil, das in tiefe Falten gelegt war.

Die Ausschnitte und Verschlüsse des Faltrocks entsprachen denen des Wamses. Bei den Ärmeln gab es jedoch Unterschiede. Der *über* dem

Wams angelegte Faltrock hatte entweder keine oder nur kurze Ärmel. Dagegen wies der *ohne* Wams getragene Faltrock die gleichen langen modisch verzierten Ärmel wie das Wams auf.

Anmerkungen: Vgl. Loschek 1988, S. 175f., Thiel 2000, S. 169 und Wisniewski 1996, S. 90.

■ Hemd

Für das unter dem Wams bzw. dem Faltrock getragene Hemd war typisch, dass dieses zunehmend an Bedeutung gewann. Die Bedeutungszunahme beruhte darauf, dass das bislang unsichtbar gebliebene Hemd in der Renaissancezeit sichtbar wurde. Es kletterte immer höher in Richtung des Halses und füllte immer mehr die großen Ausschnitte von Wämsern und Faltröcken aus.
Parallel dazu fand am Hemd eine gewisse Vermodung statt. Das modisch Werden des Hemdes war daran zu erkennen, dass es andersfarbig gestaltet wurde als das Wams bzw. der Faltrock und dass es kleine Krausen an den Ärmeln und am Halsabschluss erhielt. Diese kleinen Halskrausen gelten als Vorläufer der Riesenkrausen der Spanischen Mode zur Zeit der Gegenreformation[1] und wurden folgendermaßen durch Fältelung gebildet: Das Hemd wurde am Halsabschluss in feine Fältchen gelegt. Diese wurden in der Regel mit einem Bündchen fixiert, über dem die Falten in der Form kleiner Krausen hervorquollen.

Anmerkungen: Vgl. Thiel 2000, S. 157 u. 169f. und Wolf 1993, S. 37.

■ Schaube

Über dem Wams bzw. über dem Faltrock legte der Mann der deutschen Renaissance die Schaube an. Dieses mantelartige Kleidungsstück war wohl aus dem mittelalterlichen Tappert hervorgegangen, der seinerzeit knie- bis knöchellang sowie meist ungegürtet getragen wurde. Bezüglich ihrer Form ähnelte die Schaube außerdem der Zimmara, einem mantelartigen Gewand der italienischen Renaissance.

---

[1] Zu den Riesenkrausen in der Spanischen Mode s. Band 6 der Reihe Kleidungskulturen der Welt, Schmidt, Doris: Renaissance und Gegenreformation. Baltmannsweiler 2017.

Wie der Tappert und die Zimmara hatte auch die Schaube eine wichtige repräsentative Funktion. Mit dem Prunkstück Schaube unterstrich der deutsche Renaissancemann die Bedeutung seiner Person in der Öffentlichkeit. Die meist dunkelfarbige, vor allem schwarze, Schaube wurde in fast allen Bevölkerungsschichten, sowohl von Fürsten als auch von Bürgern, getragen. In erster Linie war sie aber ein typisch bürgerliches Kleidungsstück, mit dem die Bürger ihr neues Selbstbewusstsein, ihre Ehrbarkeit und den gestiegenen Wert ihres Standes an ihren Körpern offensichtlich machten.

Abb. 10 Martin Luther in langer Schaube, Holzschnitt von 1614 nach Lucas Cranach d.J. (Des Hocherleuchteten 1600, S. [1])

Die Männerschaube der deutschen Renaissane zeigte sich als ein vorne offenes und ungegürtetes Übergewand mit einem breiten Schulterkragen. Die in ihren Anfängen bodenlange Schaube erfuhr in den 1520er Jahren eine Verkürzung. Ab dieser Zeit wurde die Schaube knielang sowie faltenreich getragen. Eine Ausnahme hiervon machten die Gelehrten und Geistlichen, die weiterhin lange Schauben anzogen.

Aufgrund ihrer – vergleichsweise zum mittelalterlichen Tappert – großen Weite entsprach die neuzeitliche Schaube der Breitenlinie der Renaissance in vollem Maße und wird als das charakteristische Kleidungsstück der deutschen Renaissance angesehen. In den 1520ern, als sich die Wamsärmel verbreiterten, wurden auch die Schaubenärmel zwangsläufig weiter. Auffällig waren die unterschiedlichen Formen der weiten Schaubenärmel. Häufig wurden Hängärmel bevorzugt. Diese langen Ärmel hatten in Ellenbogenhöhe eine breite – zweite – Öffnung, die zum Durchstecken der Arme benutzt wurde. Den unteren Teil der Ärmel ließ man einfach leer herabhängen (s. Abb. 7, S. 43). Daneben gab es auch kurze gebauschte Ärmel. Diese Puffärmel bedeckten lediglich die Oberarme. Außerdem beschränkte man sich mitunter auf Armschlitze. Bei diesen wurde der Arm nicht wie gewohnt in ein Armloch, sondern in einen in Ellenbogenhöhe angebrachten Längsschlitz hineingesteckt.

Ihrer repräsentativen Funktion entsprechend wurde die Schaube aus feinen Wollstoffen, exklusiven Samt-, Seiden- und Brokatstoffen sowie edlen Pelzen gefertigt. Da für die Herstellung der weiten bauschigen Schaube große Stoffmengen benötigt wurden, war es wenig verwunderlich, dass ein Kostenproblem entstand. Dieses versuchte man durch einen „partiellen Stoffeinsatz" zu beseitigen bzw. abzumildern. So verwendeten die Schneider der damaligen Zeit für das Gewand an sich den „billigeren" Wollstoff und setzten die anderen teureren Stoffe als dekorative Schaubenbesätze und schmückende Schaubenborten sowie als wärmendes Schaubenfutter ein.

Bei den „billigeren" Wollstoffen handelte es sich freilich um feine qualitativ hochwertige Wollstoffe mit Repräsentationscharakter wie Atlas, Damast und Scharlach. Besonders begehrt waren die flandrischen Wollstoffe.

Die kostbaren Stoffe aus Samt, Seide und Brokat wurden vorzugsweise als Besatzmittel verwendet.

Abb. 11 Erasmus von Rotterdam mit zwei langen Schauben, Hans Hohlbein d. J. (Boehn 1923, S. 59)

Als das typische Material der Schaube, insbesondere der von Amtspersonen, fungierten die Edelpelze. Zu diesen zählten Marder (dichtes weiches Fell des europäischen und asiatischen Marders), Hermelin (wertvolles hellbraunes bzw. gelbliches bis weißes Fell der Marderart Wiesel) und Zobel (sehr hochwertiges und kostbares weiches graues oder braunes Fell des sibirischen Marders). Mit den edlen Pelzen wurden hauptsächlich der breite Schulterkragen und die Aufschläge bzw. die vorderen Kanten der vorn offenen Schaube besetzt. Es wurden aber auch Pelzborten als verzierende Elemente benutzt. Außerdem wurden Pelze zur Fütterung des Schaubengewandes herangezogen. Durch die Pelzfütterung geriet die Schaube zu einem Kleidungsstück mit hoher Wärmehaltigkeit und Winddichte, das seine Träger gegen Kälte und Wind schützte. In diesem bekleidungsphysiologischen Zusammenhang ist vielleicht erwähnenswert, dass der kränkliche Erasmus von Rotterdam bei kalter Witterung zwei lange Schauben übereinander getragen haben soll.

Im Übrigen wurden die Materialien für die Schaube durch die Kleiderordnungen der einzelnen Städte reguliert.

Anmerkungen: Vgl. Bringemeier 1974, S. 20f. u. 127–128, Hofer 1988, S. 212, 302 u. 556, Jaritz 1992c, S. 220f., Koch-Mertens 1990, S. 200, Krause / Lenning 1995, S. 92f., Loschek 1988, S. 407, Thiel 2000, S. 169 und Wisniewski 1996, S. 128, 216, 226f., 251f. u. 279f.

7.3 Kleidungsstücke für den Unterkörper

Wie aus der Abb. 7, S. 43 ersichtlich ist, bedeckte der modische Mann der deutschen Renaissance seinen Unterkörper mit einer Hose sowie Strümpfen.

- **Hose**

Zur Zeit der deutschen Renaissance trug der Mann nicht wie sein Vorgänger zur Zeit der burgundischen Mode eine lange und enge, sondern eine weitere und kniekurze Hose, die lediglich die Oberschenkel bedeckte. Diese Hose diente seinem Träger als ein unübersehbares Distinktionsmittel. Sie war – fast im gleichen Ausmaß wie die Wamsärmel – mit vielfältigen Verzierungen, etwa mit Schlitzen, Schleifen und Bauschen, ausgestattet bzw. übersät.
Das hervorstechende Merkmal dieser von der Pluderhose der Landsknechte inspirierten Hose war der Hosenlatz bzw. die Schamkapsel. Der Hosenlatz war nicht nur in ähnlicher Weise wie die eigentliche Hose dekoriert, sondern entwickelte Aufsehen erregende Formen, die Kritik hervorriefen (s. Abb. 17, S. 66).

- **Strümpfe**

Zur Bekleidung seiner Unterschenkel, die von der Hose unbedeckt blieben, zog der deutsche Renaissancemann Strümpfe an. Das heißt, in der Renaissance gab es erstmals eine Zweiteilung der männlichen Beinbekleidung, die sich in der Trennung von Hose und Strumpf zeigte. Bei den Strümpfen handelte es sich allerdings nicht um gestrickte Strümpfe, sondern um eng anliegende zugeschnittene Strümpfe aus Gewebe oder Leder, die an der Hose angenestelt oder angenäht waren. Gestrickte bzw. gewirkte Strümpfe wurden erst zur Zeit der Gegenreformation im Rahmen der Spanischen Mode benutzt[2]. Die Strümpfe des zivilen Renaissancemannes – und darin glichen sie denen des Landknechts – waren farblich mitunter in der Art des *Mi-parti* gestaltet (s. Abb. 20).

Anmerkungen: Vgl. Thiel 1980, S. 164 u. 170.

7.4 Accessoires

Der Mann der deutschen Renaissance trug auf dem Kopf das Barett und die Calotte sowie an den Füßen die Kuhmäuler.

■ **Barett**

Allgemein lässt sich das Barett als eine Kappe mit einer Krempe kennzeichnen. Als typische Kopfbedeckung des deutschen Raumes trat das Barett um 1480 auf. Es besaß unterschiedliche Krempenformen, zum Beispiel eine schmale Krempe oder nur am hinteren Teil der Kappe eine Krempe.

Im 16. Jahrhundert erhielt das Barett seine für die Renaissancezeit typische flache Form. Es wurde mit einer breiten Krempe ausgestattet, die einen Rahmen für das Gesicht seines Trägers bildete. Dadurch wurde zugleich die Aufmerksamkeit des Betrachters auf das Gesichtsfeld des Barettträgers gelenkt.

Einerseits kann das modische Renaissancebarett als eine demokratische Kopfbedeckung bezeichnet werden. Denn es wurde von Adligen und Bürgern sowie nicht selten auch von Bauern aufgesetzt. Andererseits fungierte das Renaissancebarett als ein unübersehbares Distinktionsmittel. Es bestand oftmals aus erlesenen Materialien wie Samt, Seide und Damast. Zusätzlich konnte es mit Stickereien verziert sowie mit zum Beispiel Federn, Goldschnüren und Juwelen garniert sein.

[2] Zu den gestrickten Seidenstrümpfen in der Spanischen Mode vgl. Band 6 der Reihe Kleidungskulturen der Welt, Schmidt, Doris: Renaissance und Gegenreformation. Baltmannsweiler 2017.

Abb. 12 Renaissancemann mit Barett sowie Hemd, Wams und Schaube

Anmerkungen: Vgl. Fehlig 1988, S. 86 f., Thiel 2000, S. 171, Varna 1992a, S. 23 f. und Wisniewski 1996, S. 29.

■ **Calotte**

Da der modische Renaissancemann das Barett oft schräg aufsetzte, trug er unter dem Barett die Kalotte oder Calotte (frz. *calotte*: Käppchen). Dieses eng anliegende halbkugelförmige haubenartige, aus Netzgewebe oder einem anderen feinen kostbaren Stoff bestehende (Unter-)Käppchen presste die Haare seines Trägers zusammen und diente als Haltgeber für das Barett (s. Abb. 21, S. 69).

Anmerkungen: Vgl. Fehlig 1988, S. 86 f., Kühnel 1992a, S. 96, Thiel 2000, S. 171, Varna 1992a, S. 23 f. und Wisniewski 1996, S. 29 u. 140.

■ Kuhmäuler

Um 1480 war in der männlichen Schuhmode ein Wandel zu beobachten. An die Stelle der zuvor getragenen Schnabelschuhe mit ihren engen langen Spitzen traten stumpfe und vorne breite Schuhe. Aufgrund ihres Aussehens wurden sie Kuhmäuler bzw. Ochsenmäuler oder Bärentatzen genannt. Im Unterschied zum Schnabelschuh, der als adliges Standeszeichen fungierte, kommunizierten die Kuhmäuler den bürgerlichen Lebensstil. Da die Kuhmäuler in allen Bevölkerungskreisen getragen wurden, lassen sie sich – wie das Barett – sozusagen als ein demokratisches Accessoire einstufen.

Die aus Leder gefertigten Ochsenmäuler waren oftmals so weit ausgeschnitten, dass sie die Zehen nur knapp und die Ferse kaum noch bedeckten. Bisweilen wurden die Ochsenmäuler mit einem Querband bzw. einem quer über den Rist führenden ledernen Gurt gehalten. Manche Bärentatzen waren mit Schlitzen verziert. Und in der kalten Jahreszeit wurden Bärentatzen wohl mit einer doppelten Sohle angelegt.

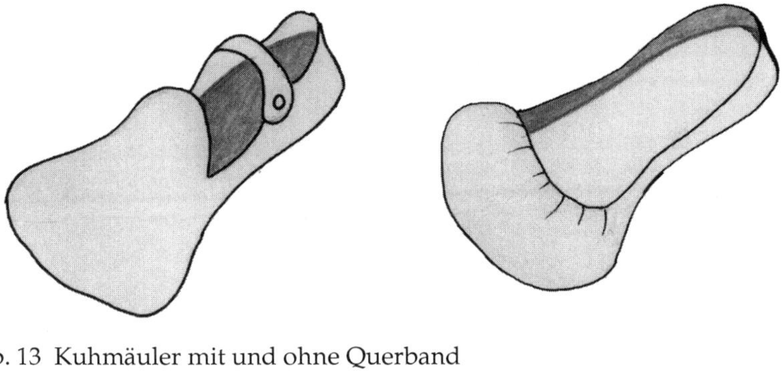

Abb. 13 Kuhmäuler mit und ohne Querband

Anmerkungen: Vgl. Kühnel 1992b, S. 151, Thiel 2000, S. 171 f. und Wisniewski 1996, S. 160 f.

7.5 Haartracht

Um 1520 vereinfachte sich in der deutschen Renaissance die männliche Haartracht, und zwar sowohl die Frisur als auch der Bart.

Zum einen wurden die bis dahin langen Haare kürzer getragen. Die Kolbe wurde zur angesagten Frisur des deutschen Renaissancemannes. Bei dieser Haargestaltung wurde zunächst das Haar ungescheitelt, etwa in halber Höhe der Stirn, rund um den Kopf geschnitten. Dann wurde das Haar vom Wirbel ausgehend ringsum nach unten gekämmt.

Zum anderen wurden die vielfältigen, oft eigenartig anmutenden Bartgestaltungen durch e i n e moderate Bartform ersetzt: den unter dem Kinn waagrecht gestutzten Vollbart. Abweichend davon zeigten sich manche, vor allem junge Männer, weiterhin glatt rasiert.

Abb. 14 Renaissancemann mit Kolbe und Bart

Anmerkungen: Vgl. Fehlig 1988, S. 86 f., Loschek 1988, S. 224 und Thiel 2000, S. 170.

8. Mode II: Kleidung der Landsknechte

Abb. 15 Geschlitzte Landsknechtkleidung: Barett, Wams, Hemd, Pluderhose, Knieband, Strümpfe, Kuhmaulschuhe

Die deutschen Landsknechte praktizierten einen Kleidungsstil, der durch maßlose Übertreibungen gekennzeichnet war. Mit dieser extremen Kleidungsweise brachten die im militärischen System opererierenden Landsknechte ihre Verwegenheit, Geltungssucht und Extrovertiertheit zum Ausdruck und kommunizierten zugleich ihre risikoreiche und an keine Moral gebundene Lebensweise, die von der der „normalen" Gesellschaft abwich.

Die in ihrer Extravaganz kaum zu überbietende Landsknechtmode konnte sich allerdings nur deswegen entfalten, weil die Landsknechte sich nach eigenem Belieben kleiden durften: Dies ist zum Beispiel der Reichsordnung von 1530 zu entnehmen, in der zu lesen ist: „Aber eyn kriegesman (…) der mag sich (…) wie im gelegen / kleyden vnd tragen" (zit. nach Thiel 2000, S. 188).

Die offizielle Begründung, weshalb die Landsknechte sich nach keinen Kleidervorschriften richten mussten, zeigt das folgende Zitat, das Kaiser Maximilian I. zugeschrieben wird: „man müsse den Leuten für ihr unselig Leben doch auch ein wenig Freud' und Ergötzlichkeit gönnen" (Klein 1950, S. 241). Inoffiziell ist anzunehmen, dass der Kaiser den Landsknechten eine freie Kleiderwahl zugestand, da er auf deren militärische Leistungen angewiesen war und darauf setzte, dass die auffallende und distinktive Schlitzkleidung für den Korpsgeist der Söldnertruppe bedeutsam war.

Anmerkungen: Vgl. Fehlig 1988, S. 86f., Hundsbichler 1992a, S. 75, Jaritz 1992a, S. 155, Klein 1950, S. 241, Krause / Lenning 1995, S. 101, Kühnel 1992c, S. 156, Miller / Embleton / Richards 2004, S. 32, Thiel 2000, S. 188, Wisniewski 1996, S. 163 u. 165.

8.1 Schlitzkleidung

Das auffälligste Merkmal der Landknechtkleidung war deren enorme Schlitzung. In der deutschen Renaissance waren es die Landsknechte, die als Erste gegen Ende des 15. Jahrhunderts begannen, ihre Kleidung zu schlitzen[1]. Dies hatte zunächst einen praktischen Grund. Da die Landsknechte im Kampf keine Rüstung anlegten, sondern die enge Zivilkleidung der damaligen Zeit trugen, schnitten bzw. schlitzen sie diese mit Dolch und Schwert auf, um die beim Kämpfen erforderliche Beweglichkeit zu erlangen. Die Landsknechte schlitzten ihre Gewänder vor allem an den Wamsärmeln (in Ellenbogenhöhe) und an den Hosenbeinen (in Kniehöhe) auf. Das heißt an Stellen, die für die Bewegungsfreiheit wichtig waren.

Ab den 1520ern wurde das Schlitzen bei den Landsknechten immer populärer. Es wurden nicht mehr nur das Wams und die Hose, sondern alle Gewandteile, geschlitzt. Außerdem stieg die Anzahl der Schlitze nahezu ins Unermessliche. Mit anderen Worten: Die Landsknechte trieben das Schlitzen auf die Spitze. Zugleich änderte sich die Funktion des Kleiderschlitzes, aus dem ursprünglichen Funktionsschlitz wurde ein Dekorationsschlitz. Darüber hinaus avancierte das durch die umherziehenden Landsknechte verbreitete Schlitzen zur modischen „Textiltechnik" der deutschen Renaissance. Diese Gestaltungstechnik wurde nämlich auch in der allgemeinen Mode eingesetzt.

Anmerkungen: Vgl. Arnold 1975, S. 22, Fehlig 1988, S. 90f., Hansen 1954, S. 126, Jaritz 1992a, S. 155 u. 1992d, S. 228f., Klein 1950, S. 241, Koch-Mertens 2000, S. 198f., Thiel 2000, S. 157, Wisniewski 1996, S. 163 u. 229 und Wolf 1993, S. 37.

8.2 Elemente der Landsknechtkleidung

Die deutschen Landsknechte verwendeten im Wesentlichen die gleichen Gewandteile wie die zeitgenössischen Adligen und Bürger, allerdings in einer phantasievollen bzw. krassen Ausprägung. Das Landsknechtwams beispielsweise wurde oftmals aufs Äußerste geschlitzt,

[1] Zur Diskussion über die Erfinder des Schlitzens bzw. über das erstmalige Einbringen von Kleiderschlitzen siehe z. B. Grümmer 1912, S. 24, Huntebrinker 2009, S. 330–334, 351 u. 355–356 und Thiel 2000, S. 157 u. 179.

so dass es nur noch aus langen Stoffstreifen bzw. aus Stofffetzen bestand. Außerdem setzten die Landsknechte ein weit auslandendes geschlitztes Barett auf, das sie verwegen zurück bogen und mit vielen Federn, etwa mit Straußfedern, schmückten. Mit dem Gebrauch des Federschmucks tradierten die Landsknechte die auch bei anderen Kulturen übliche Funktion der Feder als kriegerischen Kopfschmuck. Unter dem Barett trugen die Landsknechte meist halblanges Haar sowie einen großen Schnurrbart.

Beliebt war bei den Landsknechten – neben dem weit ausgeschnittenen und mit Schlitzen verzierten Kuhmaulschuh – auch eine lederne strumpfförmige Fußbekleidung, nämlich der Lederse oder auch Lerse. Dieser enge Beinling mit angesetztem Fußteil wurde von den Landsknechten in der Art eines langen Stiefels getragen. Und zwar wurde der Lederse entweder zur Stulpen umgeschlagen oder mit einer Lasche am Gürtel fest gemacht.

Die Schaube, das typische Obergewand der Adligen und Bürger, wurde von den Landsknechten allerdings nicht benutzt. Bei Kälte legten diese Soldaten stark ausgepolsterte Wämser oder zwei Wämser übereinander an.

Anmerkungen: Vgl. Embleton 2002, S. 86 ff., Fehlig 1988, S. 86 f., Hundsbichler 1992a, S. 75, Jaritz 1992a, S. 155, Krause / Lenning 1995, S. 101, Kühnel 1992b, S. 156c, Miller / Embleton / Richards 2004 und Wisniewski 1996, S. 163 u. 165.

8.3 Pluderhose

Abb. 16 Landsknecht mit Pluderhose

Das charakteristische Kleidungsstück der Landsknechte war die Pluderhose. Infolgedessen wurde die Landsknechtkleidung bisweilen auch Pludertracht genannt. Diese typisch deutsche Hose wurde außer in Deutschland auch in der Schweiz und in den skandinavischen Ländern, hauptsächlich in Dänemark, getragen. Besonders maßlos entwickelte sich die Pluderhose in Norddeutschland.

Im Unterschied zur Schlitzung gelten die Landsknechte als unbestrittene Erfinder der Pluderhose, deren Entstehung sich auf die Mitte des 16. Jahrhunderts datieren lässt. Und zwar soll diese weite Hosenform erstmals 1553 im Lager des Kurfürsten von Sachsen getragen worden sein.

Die Genese der Pluderhose steht im engen Zusammenhang mit der bei den Landsknechten überaus beliebten renaissancetypischen Schlitztechnik. Die Landsknechtpluderhose war nämlich durch lange Schlitze mit herausquellendem bzw. sich bauschendem Futter gekennzeichnet. Auf diesen Sachverhalt sowie auf die Weite der Landsknechthose macht das Wort Pluderhose (pludern, plodern: sich bauschen) aufmerksam, das eine *sich bauschende Hose* bedeutet.

Die weite bauschige und zerhackte Pluderhose war dasjenige Kleidungsstück, welches am eindrucksvollsten den extravaganten Lebensstil der Landsknechte kennzeichnete und diesen die erforderliche Beweglichkeit beim Bewegen, Marschieren und Kämpfen verschaffte.

Anmerkungen: Vgl. Christensen 1934, S. 41 u. 77, Döbler 1972, S. 43, Loschek 1988, S. 381, Pfeiffer 1997, S. 107 u. 1057, Wisniewski 1996, S. 201 und Wolf 1993, S. 58.

Die Pluderhose setzte sich aus drei Teilen zusammen: der Oberhose, der Futterhose und der Schamkapsel.

■ **Oberhose**

Als eigentliche Hose zogen die Landsknechte eine überweite, knie- bis wadenlange (Ober-)Hose an, die in der Fachliteratur bisweilen auch als Überzeug oder Überzug bezeichnet wird. Diese Hose, besser gesagt dieses Gebilde einer Hose, wies oftmals so lange vertikale Schlitze auf, dass es nur noch aus (etwa 5–10 cm breiten) Stoffstreifen bestand, die durch Bänder, Nesteln und Schleifen zusammengehalten wurden. Das „Oberhosengebilde“ wurde in der Taille zusammengefügt sowie ober- oder unterhalb der Knie bzw. an den Waden zusammengebunden.

Zur Oberhose trugen die Landsknechte aus Stoff genähte Kniestrümpfe, die mit einem Band zusammengefasst wurden. Sowohl die Hosenbeine als auch die Strümpfe der Landsknechte waren oftmals in der Art des *Mi-parti* zweifarbig gestaltet.

Anmerkungen: Vgl. Christensen 1934, S. 40f. u. 77, Hansen 1954, S. 130, Jaritz 1992b, S. 199, Loschek 1988, S. 381, Wolf 1993, S. 37 u. 58 und Wolter 1991, S. 61.

■ Futterhose

Mit der starken Aufschlitzung der Landsknechtoberhose wurde deren Fütterung bzw. das Tragen einer Futterhose immer wichtiger. Als Futterstoffe dienten meist dünne Seidengewebe, die aus den Spalten der Oberhose hervordrangen.
Indem die Landsknechte für ihre Futterhose gerne eine zur Oberhose kontrastierende Farbe wählten, erzielten sie eine hohe visuelle Aufmerksamkeit. Aber auch akustisch machten die Hosenhelden auf sich aufmerksam, und zwar dadurch, dass sie Futterstoffe aus raschelnder Seide bevorzugten: „Es rauschte, wann diese Hosenhelden in Massen daherschritten, wie der Elbstrom, wann er durch die Brücke und über das Wehr dahinschoss." (Hottenroth 1896, S. 538)

Anmerkungen: Vgl. Christensen 1934, S. 40f., Hansen 1954, S. 130, Jaritz 1992b S. 199, Loschek 1988, S. 381 und Wisniewski 1996, S. 201.

■ Schamkapsel

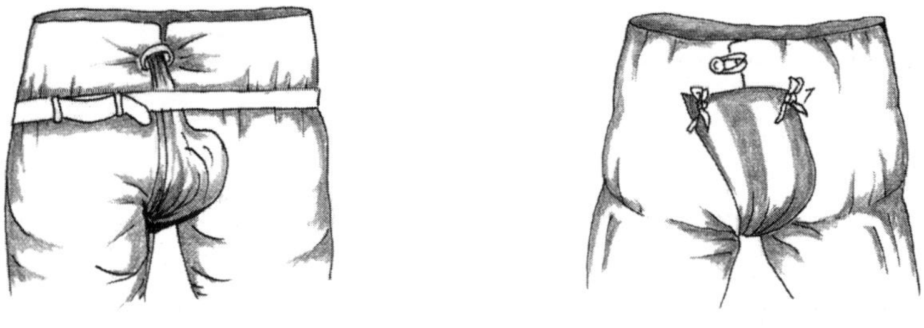

Abb. 17 Schamkapseln

Ein markantes und pikantes Detail der Pluderhose war die Schamkapsel (oder frz. *braguette*). Allgemein lässt sich die Schamkapsel als ein kapselartig vergrößerter Hosenlatz beschreiben. Ein solcher entfaltete sich bereits zur Zeit der engen burgundischen Hosenmode, damals aus einem praktisch-physiologischen Grund. Obwohl diese bekleidungsphysiologische Problematik bei der weit geschnittenen Pluderhose der Landsknechte nicht mehr vorhanden war, verzichteten deren Träger nicht auf die Schamkapsel, sondern werteten diese sogar noch modisch auf: Die aufgrund der Kürze des Wamses sichtbare Schamkapsel wurde zum dekorativen Blickfang bzw. zum Aufsehen erregenden Eyecatcher.

Einerseits – und dies betrifft die Variable Form – erfuhr die *braguette* eine enorme Vergrößerung. In einem Spottlied aus dem Jahr 1555 wird diese anschaulich so beschrieben: Die „Kriegsleut (...) lassen Hosen machen mit einem (...) Latz (...) wol eines Kalbskopfs groß" (Schultze 1868, S. 53). Der Hosenlatz wurde auch variantenreich ausgepolstert oder wattiert, bis hin zur Form eines erregierten männlichen Gliedes.

Andererseits wurde die Schamkapsel vielfältig verziert. Dies verdeutlichen die folgenden Beispiele, die die Variablen Farbe und Muster betreffen:

1. Die Schamkapsel wurde mit einer zur (Ober-)Hose kontrastierenden Farbe oder in der Art des *Mi-parti* gestaltet.
2. Die *braguette* zeigte sich mit Längs- und Querschlitzen garniert, die etwa in der Form eines Sterns oder ein Mondsichel angeordnet waren.
3. Die *braguette*-Schlitze konnten mit einem andersfarbigen Futter unterlegt sein.
4. Die Schamkapsel wurde mit Bändern und (Riesen-) Schleifen dekoriert.

Mit der Betonung der Schamkapsel, insbesondere mit der vestimentären Zur-Schau-Stellung des männlichen Gliedes, kommunizierten die Landsknechte über das Dekorationsmotiv hinausgehende Kleidungsmotive wie militärische Stärke, Machtstreben und sexuelles Interesse. Bemerkenswert ist, dass die Schamkapsel trotz ihrer moralischen Verurteilung durch die Geistlichkeit und trotz ihres Verbotes in Polizei- und Kleiderordnungen eine große Verbreitung in der zivilen Männermode fand. In seinem Streben nach Distinktion mittels der Schamkapsel ging der deutsche Renaissancemann mitunter sogar so weit, dass er die vergrößerte Schamkapsel mit aus dem Rahmen fallenden Dingen – etwa mit Orangen – füllte.

Anmerkungen: Vgl. Jaritz 1992b, S. 199, Kiener 1956, S. 241, Koch-Mertens 2000, S. 198 f., Loschek 1988, S. 260 u. 381, Schultze 1868, S. 53, Varna 1992b, S. 219, Wisniewski 1996, S. 163, 201 u. 226, Wolf 1993, S. 57 f. und Wolter 1991, S. 65 u. 67.

8.4 Landsknechte als Modevorbilder

▪ Schlitzmode

Von modetheoretischem Interesse ist, dass die Landsknechtmode von der allgemeinen Mode als so genannte „Schlitzmode" übernommen wurde: Die Landsknechtmode, die sich im 16. Jahrhundert in Deutschland voll etablierte, gilt als erste abweichende, deviante oder inoffizielle Mode, die von der herrschenden, dominierenden oder offiziellen Mode absorbiert wurde[2].

Schlitze wurden im 16. Jahrhundert zum charakteristischen Merkmal der Männermode, das sich vielgestaltig auf der gesamten Männerkleidung zeigte. Aber auch von der Frauenmode wurde das Schlitzen von Kleidungselementen übernommen, allerdings seltener und in dezenterer Weise.

---

[2] Eine solche von oben nach unten erfolgende Modediffusion wird in den Reflexionstheorien des Modesystems Trickle-Up-Theorie genannt (vgl. Schmidt 2007, S. 181).

Abb. 18 Herzog Heinrich der Fromme von Sachsen in Schlitzkleidung, Lucas Cranach d. Ä. um 1514, Nachzeichnung

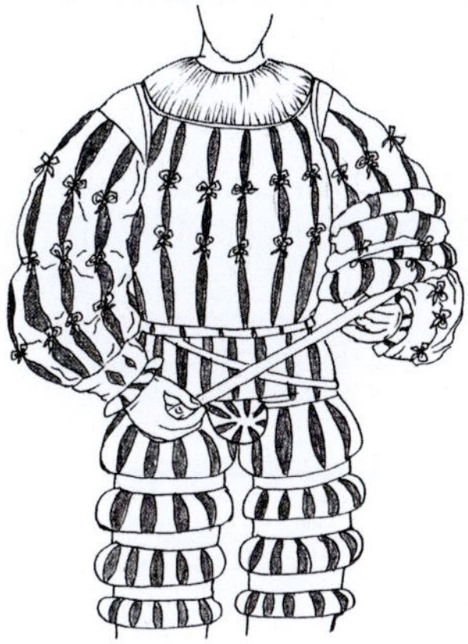

Abb. 19 Mann der deutschen Renaissance in Schlitzkleidung mit ausgestopfter Schamkapsel und Nesteln

Abb. 20 Schlitzhose mit kugelförmig ausgestopfter Schamkapsel, *Mi-parti-*Strümpfe, Schaube, Christoph Amsberger 1525 (Christensen 1934, Bild 52 o. S.)

Abb. 21 Frau der deutschen Renaissance mit geschlitzten Wamsärmeln sowie Barett und Calotte

Außerdem – und dies geht über die Renaissancezeit hinaus – war im 20. Jahrhundert ein Revival geschlitzter Kleidung zu beobachten, etwa an der Jeanshose und an der Hose der Punks. So riefen in den 1970ern die Punks bei ihren Jeans künstliche Abnutzungserscheinungen durch Zerreißen, Zerschneiden und Ausfransen hervor. Und in den 1980ern schickte die bekannte Londoner Modedesignerin Katherine Hamnett ein Model auf den Laufsteg, das von ihr kreierte Jeans im Fetzenlook trug.

Anmerkungen: Vgl. Fehlig 1988, S. 90 f., Huntebrinker 2009, S. 329, Thiel 2000, S. 179 f., Wisniewski 1996, S. 163 und Wolf 1993, S. 37.

■ Schlitzmodeexperten

Einen wichtigen Beitrag zur Verbreitung der Schlitzmode leisteten nicht nur die Landsknechte, sondern auch Experten aus der Bekleidungs- und Textilwirtschaft. Es waren zunächst Schneider, die das Geschäft des Kleiderschlitzens von den Landsknechten übernahmen und Schlitze in ein fertig genähtes Gewandteil einbrachten. So schreibt Konrad Pellikan von Rufach in seiner Hauschronik für das Jahr 1490: *„Bis dahin hatte noch niemand buntfarbige, zerhauene Kleider gesehen; aber jetzt mussten sich die Schneider daran machen, solche Flickerkünste zu lernen. Denn die heimkehrenden Soldaten führten unter der Hand allerlei Neuerungen in der Heimat ein."* (Zit. nach Huntebrink 2009, S. 343)

Nach den Schneidern entdeckten auch geschäftstüchtige Textilhändler den „Schlitzkleidermarkt" und boten geschlitzte Stoffe als Halbfertigprodukte an.

Die gewerbsmäßige Ausführung des vestimentären Schlitzens durch Experten hatte einen beträchtlichen Anstieg an Schlitzmustern und eine Popularisierung geschlitzter Kleidung zur Folge.

Anmerkungen: Vgl. Döbler 1972, S. 43, Huntebrinker 2009, S. 329 u. 343 und Pietsch 208, S. 104.

▪ Schlitzmodeverbote

Die Schlitzmode wurde zwar durch die Obrigkeit verboten, setzte sich aber dennoch in weiten Bevölkerungskreisen durch – ein Indiz für das nicht mehr aufzuhaltende Wirken der Mode. Solche Schlitzmodeverbote waren sowohl in der überregionalen Reichsordnung von 1530 als auch in den regionalen Stadt- und Polizeiordnungen ausgewiesen. Dies verdeutlichen die folgenden Beispiele:

1. *Reichsordnung:* In der Reichsordnung von 1530 wurde etwa Handwerkern das Tragen geschlitzter Kleidung mit folgenden Worten verboten: „keyn zerhawen oder zerschnitten kleydt" (zit. nach Thiel 2000, S. 185).

2. *Stadtordnung:* Im Jahr 1528 wurde in der Stadtordnung des Erzbischofs Albrecht von Mainz verfügt, dass sich die Bewohner von Amorbach der *„zerschnitten krigerischen landtsknechtigschen cleider gentzlich enthalten"* (zit. nach Huntebrink 2009, S. 342).

3. *Polizeiordnung:* Die Kurpfälzische Polizeiordnung von 1546 enthielt den an die Studenten der Heidelberger Universität gerichteten Appell *„sich in kleydungen als studenten und nit als kriegsknechte sehen zu lassen"* (zit. nach Huntebrinker 342). Diese Ermahnung war insbesondere an Studentengruppen gerichtet, die mit der wilden devianten Lebensweise der Landsknechte sympathisierten und dies durch das Tragen zerhauener landsknechtlicher Kleidung kommunizierten.

In den Schlitzmodeverboten wurden nicht nur die Vorbehalte gegenüber einer neuen Mode ersichtlich, die schon in mittelalterlicher Zeit bei jedem Modewandel zu beobachten waren. Sondern es wird auch die Absicht der Obrigkeit erkennbar, die ständische, „gottgewollte" und der Moral entsprechende gesellschaftliche Ordnung mittels einer vestimentären Ordnung zu erhalten. Außerdem lassen sich sachbezogene, also auf die „Kleidersache" Schlitzung bezogene, Verbotsgründe herausstellen, die da waren: *erstens* die durch das Zerhauen der Stoffe hervorgerufene künstliche Veralterung bzw. Verringerung der Haltbarkeit der Stoffe, *zweitens* der massive Materialverbrauch in Höhe von „60, 80, ja 130 Ellen Stoff" (Schultze 1868, S. 52) für ein geschlitztes Kleidungsensemble, *drittens* die aus der Schlitzung resultierende Buntheit und *viertens* der sich in der Verwendung kostbarer Seidenstoffe zeigende Luxus.

Anmerkungen: Vgl. Huntebrinker 2009, S. 329 u. 342, Jaritz 1992a, S. 155, 1992b, S. 199 u. 1992d, S. 228f., Schultze 1868, S. 52, Thiel 2000, S. 185 und Varna 1992b, S. 219.

9. Mode III: Modekörper

9.1 Schlitzmodekörper

In diesem Kapitel wird der Schwerpunkt auf den männlichen Schlitzmodekörper zur Zeit der Renaissance und Reformation in Deutschland gelegt. Kennzeichnend für das Wirken des durch die Schlitzmode geprägten Männerkörpers war, dass dieser zugleich auf- und abgewertet wurde. Einerseits wurde er aufgrund seiner modisch-distinktiven Wirkung aufgewertet und daher vielfach nachgeahmt. Andererseits wurde der „geschlitzte" Modekörper moralisch und religiös diskreditiert. Dabei stand der mit der geschlitzten Pluderhose bekleidete Unterkörper im Vordergrund.

▪ Politische Attacken

Die abwertenden Angriffe erfolgten zum einen von politischer Seite. Dies zeigen die folgenden Beispiele, die anschaulich das Vorgehen des Kurfürsten Joachim II. von Brandenburg gegen die „Lumpenhösler" beschreiben:

1. Der Kurfürst ließ zwei mit Pluderhosen bekleidete Landsknechte nicht nur drei Tage lang in einem einsehbaren vergitterten Gefängnis unterbringen, sondern bestellte zusätzlich noch einen Fiedler, der durch sein Spiel möglichst viele Leute zum Gaffen heranlocken sollte.
2. Joachim II. befahl, einem Pluderhosen tragenden Edelmann den Hosengurt zu zerschneiden. Dies hatte die partielle Entblößung des Pluderhosenfans zur Folge.
3. Der Kurfürst ordnete an, einen Pluderhosenträger in einer Heilanstalt für Irre unterzubringen.

Über diese Einzelbeispiele hinaus wurde in vielen Städten die den Unterkörper zur Schau stellende geschlitzte Pluderhose von der Obrigkeit untersagt. Der Grund hierfür lag allerdings weniger in der moralischen Entrüstung über diese Bekleidungsweise als in der Angst vor einer demokratischen Nivellierung der Stände bzw. in der Furcht vor einer an der Kleidung ablesbaren Umstrukturierung der Gesellschaft.

Anmerkungen: Vgl. Grümmer 1912, S. 33, Jaritz 1992b, S. 199, Schultze 1868, S. 55 und Steinhausen 1913, S. 291.

- **Religiöse Attacken**

An der Abwertung des modischen Unterkörpers beteiligte sich zum anderen das religiöse Lager. Es waren Prediger, die – unter Hinweis auf die von Gott zu erwartenden Bestrafungen – besonders nachdrücklich gegen den Schlitzmode- bzw. den Pluderhosen-Körper wetterten und eiferten. Den größten Erfolg und die nachhaltigste Wirkung hatte die Predigt über den „Hosenteufel", die von Andreas Musculus 1555 in Frankfurt an der Oder gehalten und anschließend veröffentlicht wurde.

Anmerkungen: Vgl. Musculus [1555] 1978, S. 197, Schmidt 2007, S. 58–76 und Schultze 1868, S. 54.

9.2 Hosenteufel

9.2.1 Andreas Musculus

Andreas Musculus wurde 1514 im sächsischen Schneeberg unter dem Namen Andreas Meusel geboren. Nach einem dreijährigen Studium (1531–1534) an der (katholischen) Universität Leipzig, das er mit dem Baccalaureat abschloss, kehrte Meusel in seinen Heimatort zurück und arbeitete als Hauslehrer an mehreren Orten, unter anderem in Amberg / Oberpfalz.

In Schneeberg, das kurz zuvor protestantisch geworden war, kam der junge Meusel mit der Reformation in Berührung und trat zum Protestantismus über. Um die Idee der Reformation bzw. den protestantischen Glauben voranzutreiben, immatrikulierte sich der gebürtige

Sachse als Andreas Meusel Snebergensis an der (protestantischen) Universität Wittenberg. Dort hörte er unter anderem bei Melanchthon, dem damaligen Rektor der Universität, und bei Luther, dem führenden Kopf der Reformation.

Nach seinem Studienabschluss als Magister siedelte Meusel 1540 nach Frankfurt a. d. O. über und war dort in dreifacher Weise tätig: als Stadtpfarrer (Religion), Universitätslehrer (Wissenschaft) und Generalsuperintendant (Politik). In dieser Zeit, vermutlich 1543, ersetzte Meusel seinen Namen durch Musculus, nahm also eine Lateinisierung seines Nachnamens vor. Der in seiner Wirkungsstätte Frankfurt a. d. O. hoch angesehene Andreas Musculus starb ebendort 1581.

Abb. 22 Andreas Musculus im Schaubengewand

Anmerkungen: Vgl. Grümmer 1912, S. 8–12 und Koch 1992, S. 350.

9.2.2 Teufelsliteratur

Musculus publizierte in den Jahren 1555-1561 folgende zur Teufelsliteratur zählende Schriften: Der Hosenteufel (1555), Der Fluchteufel (1556), Der Eheteufel (1556) und Von des Teufels Macht, Gewalt und Tyrannei (1561). Das wesentliche Kennzeichen der Teufelsliteratur war „die dämonische Personifizierung der Laster und anstößigen

Gewohnheiten, die durch Teufelsnamen geächtet wurden" (Grümmer 1912, S. 8).

Mit dem Teufelsglauben kam Musculus höchstwahrscheinlich schon während seines Wittenberger Studiums in Berührung, nämlich durch seinen Dozenten Luther, der in seiner Lehre in die diabolische Welt einführte. Zwar war schon lange vor der Reformation die Personifizierung von Lastern üblich, etwa in der bildenden Kunst die Personifizierung der sieben Todsünden. Bei dem Reformator Luther war aber eine Erweiterung des Teufelsglaubens zu beobachten. Indem Luther von der Zuteilung eines eigenen Teufels für jedes Land, ja sogar für jede Ortschaft sprach, legte er möglicherweise die Basis für die Annahme, dass es für jedes menschliche Laster einen Spezialteufel als Auslöser gäbe. In dieser Tradition führte Musculus in seinen Werken als Spezialteufel an: *erstens* den *Hosenteufel* (wider die Unsitte der Schlitzmode, insbesondere die der Pluderhosenmode), *zweitens* den *Fluchteufel* (wider die Unsitte des Fluchens, vor allem die des Gotteslästerns) und *drittens* den *Eheteufel* (wider die Unsitte der Nichtachtung der Ehe, z. B. durch Abneigung und Hass der Eheleute).

Im Zusammenhang mit der Vermenschlichung der Pluderhose durch den Hosenteufel ist übrigens bemerkenswert, dass im 17. Jahrhundert (1629) Ellinger, Kaplan zu Urheiligen, Frankfurt a. M. die Kleidermode durch den modischen Kleiderteufel personifizierte und diesen als einen Teufel beschrieb, dem sieben weitere Teufel folgten, nämlich der Spazier-, Tanz-, Huren-, Fraß-, Sauf-, Mord- und Diebsteufel.

Anmerkungen: Vgl. Ellinger 1629, S. 23–27, Grümmer 1912, S. 10 u. 27 f. und Schmidt 2007, S. 183 f.

9.2.3 Der Hosenteufel

Abb. 23 Titelblatt zu Musculus Hosenteufel mit dem „teuflischen corpus delicti", Ausschnitt (Steinhausen 1913, S. 290)

Die Schrift „Vom Hosen Teuffel" ist eine gedruckte Predigt von Andreas Musculus aus dem Jahr 1555 im Umfang von 22 Seiten. Der verhältnismäßig große Umfang der verschriftlichten Predigt lässt sich übrigens dadurch erklären, dass die Predigten von Musculus oftmals zwei Stunden dauerten.

Anliegen von Musculus war es, durch seine Predigt und Schrift vom Hosenteufel vor der Gefahr zu warnen, die durch das Tragen von solch teuflischer Kleidung entstünde, nämlich vor der Gefahr, dass „Gott mit dem jüngsten tage gar drein schlüge, von wegen der greulichen, vnmenschlichen vnnd Teuffelischen kleidung"[1]. Bei seiner Strafpredigt setzte sich der brandenburgische Geistliche aus Frankfurt a. d. O. nicht mit der gesamten teuflischen Schlitzkleidung auseinander, sondern legte den Schwerpunkt auf den besonders gefährlichen Hosenteufel, den er für acht Sünden verantwortlich machte:

---

[1] Musculus [1555] 1978, S. 31.

1. Sünde: „wider die scham / zucht und erbarkeit“[2]

Das Tragen der nahezu bis zur Nacktheit entblößenden Pluderhose animiert zur Unkeuschheit. In den Hosen der jungen Gesellen sitzt ein so gräulicher Teufel, „das sie sich durch solche Pluderhosen / viel mehr zu aller boͤser anreitzung aller unkeuschheit / entploͤssen fur Gott / Engeln und Menschen / als wenn sie gar nackend rein giengen“[3]

2. Sünde: „wider Gott / seine einsatzung und ordnung“[4]

Die Pluderhose widerspricht der göttlichen Ordnung, nach der sich Adam bekleidet hat. Unter dem Regime des Hosenteufels werden die jungen Gesellen dazu verführt, gegen die Ordnung Gottes das Körperteil zu entblößen, „was Gott selber zugedeckt / unnd zu vorhuͤllen geordnet hat“[5]. Als Strafe wird Gott möglicherweise jemanden schicken, „der unseren kindern die schenkel und beine also zuhawe und zurfetze / wie die hosen zerflammet sein“[6].

3. Sünde: „wider den bund / pflicht / und eid in der heiligen Tauff“[7]

Dadurch, dass die jungen Leute die Pluderhose mit dem übergroßen Hosenlatz tragen, handeln sie gegen die Idee der heiligen Taufe und locken die Fleischeslust hervor: „Das in unsere jungen gesellen lassen so kurtze Roͤck und mentel machen / die nit die nestel / geschweig dann den latz bedecken / Unnd die hosen so zuludern lassen / den latz forn also mit hellischen flammen unnd lumpen / unmenschlich und gros machen / die Teuffel auff allen seiten lassen also raus gucken / dann allein zum ergernis und boͤse anreitzung / der armen unwissenden unnd unschuͤldigen meidlein“.[8]

4. Sünde: „wider das Vierdte gebot und gehorsam der Eltern“[9]

Wenn in die Irre geratene Kinder sich mit der Pluderhose bekleiden und sich damit nicht am Kleidungsvorbild ihrer frommen Eltern orientieren, bereiten sie diesen Kummer und Sorge. Es ist zu beobachten „das jetzunder ein junger rotzloͤffel / ehe er noch das gele am schnabel gar abwuͤschet / mehr gelds zu einem par hosen haben mus / als sein vater zum hochtzeit kleid“[10].

---

2 Musculus [1555] 1978, S. 9.
3 Musculus [1555] 1978, S. 15.
4 Musculus [1555] 1978, S. 15.
5 Musculus [1555] 1978, S. 16.
6 Musculus [1555] 1978, S. 17.
7 Musculus [1555] 1978, S. 18.
8 Musculus [1555] 1978, S. 19 f.
9 Musculus [1555] 1978, S. 20.
10 Musculus [1555] 1978, S. 21.

5. Sünde: „wider die gewonheit / gebrauch unnd recht aller volker auff erden“[11]

Der Hosenteufel nimmt keine Rücksicht auf das allgemeine Völkerrecht. Die Erfahrung lehrt, dass alle Völker – wie Adam mit dem Feigenblatt – denjenigen Körperteil bedecken und verhüllen, der von unserer Jugend entblößt wird. Der unzüchtige Hosenteufel erweist sich als ein auf Deutschland spezialisierter Teufel: „Allein Deutschland hat der unvorschambte teuffel gar besessen und eingenommen“.[12]

6. Sünde: „wider unser jetzige Religion / unnd leer des heiligen Evangelij“[13]

Die Teufelshosen stehen im Widerspruch zu dem Wort und dem Geist Gottes. Es ist festzustellen, „das alle die / es sein Landsknecht / Edel / Hoffeleut / oder noch grössers Standes / so sich mit solchen unzüchtigen Teuffels hosen bekleiden / (...) das hoch und theure Wort Gottes“[14] verunreinigen. Außerdem ist das Herz eines Menschen unter anderem an seiner Kleidung erkennbar: „An deinen unzůchtigen / unmenschlichen / zufladerten / lumpen hosen / siehet und spůret man wol / ob der Geist Gottes / oder der geist des bősen / der unzucht unnd unreinigkeit in dir wone“.[15]

7. Sünde: „wider das ebenbild Gottes / darnach der Mensch geschaffen“[16]

Gott hat seinen Sohn auf die Erde geschickt „auff das der Mensch nach seinem ebenbild geschaffen / nicht in vorderbnis / und in der gewalt des Teuffels bliebe“[17]. Es stimmt nicht mit dem Wort Gottes vom Menschen als seinem Ebenbild überein, dass „der Teuffel hat jetunder die jugend gar vorblendt / und sitzet in mit gantzem Legion in den lappen und Lumpe“[18].

8. Sünde: „wider den gemeinen nutz unnd wolfart Deutscher Nation“[19]

Die Mode der Pluderhose lässt das Deutsche Volk, besser gesagt die deutschen Narren, verarmen. Denn es kommt vor, „das ein junger rotzlőffel / mehr ein jar zu hosen mus haben / als sein groß vater fůr all seine kleidung“[20]

Anmerkungen: Vgl. Grümmer 1912, S. 98, Musculus [1555] 1978, S. 9, 15–20, 22–27, 29 u. 31 und Steinhausen 1913, S. 290 f.

[11] Musculus [1555] 1978, S. 22.
[12] Musculus [1555] 1978, S. 23.
[13] Musculus [1555] 1978, S. 24.
[14] Musculus [1555] 1978, S. 25.
[15] Musculus [1555] 1978, S. 26
[16] Musculus [1555] 1978, S. 26.
[17] Musculus [1555] 1978, S. 27.
[18] Musculus [1555] 1978, S. 27.
[19] Musculus [1555] 1978, S. 29.
[20] Musculus [1555] 1978, S. 31.

10. Mode IV: Kleidung der Geistlickeit

Der Talar ist bis heute das charakteristische Kleidungsstück protestantischer Pfarrer oder Pastoren. Um die Entstehung, Bedeutung und Verbreitung dieses Gewandes nachzuzeichnen, wird in einem ersten Schritt die Kleidung der katholischen Geistlichkeit vor der Zeit der Reformation kurz erörtert. Darauf aufbauend wird in einem zweiten Schritt die in der Reformationszeit entstandene spezifische Kleidung der protestantischen Geistlichkeit, nämlich der Talar mit Beffchen und Barett, näher betrachtet.

10.1 Kleidung der katholischen Geistlichkeit

10.1.1 Altertum

- **Römische Kaiserzeit**

Im 3. Jahrhundert, in der späten römischen Kaiserzeit, trugen die Priester der römischen Kirche Alltagsgewänder, das heißt weltliche Kleidung. Im Einzelnen waren dies die lange Ärmeltunika (kreuzförmiges, gegürtet getragenes Gewand), die *Dalmatika* (bodenlange, ungegürtete *Ärmeltunika;* bevorzugtes Kleidungsstück der Christen) und die *Paenula* (glockenförmiger Kapuzenmantel).

- **Byzantinisches Reich**

Im Byzantinischen Reich (das 330 mit der offiziellen Einweihung der Hauptstadt Konstantinopel durch Kaiser Konstantin begann) erhob Kaiser Theodosius I. das Christentum 380 zur Staatsreligion. Daraus resultierend wurde den Priestern eine bestimmte gottesdienstliche Kleidung vorgeschrieben. Bei dieser handelte es sich nicht um „neue" Gewänder. Sondern es wurden lediglich die von den meisten Priestern ohnehin getragenen (inzwischen aus der Mode gekommenen) spätrömischen Gewänder, nämlich die *Ärmeltunika*, die *Dalmatika* und die *Paenula* als liturgische Priesterkleidung verbindlich festgelegt.

10.1.2 Mittelalter

■ **Liturgische Kleidung**

In den mittelalterlichen Jahren fand eine starke Differenzierung der gottesdienstlichen Kleidung statt, die bis zum 13. Jahrhundert im Wesentlichen abgeschlossen war. Die Differenzierung der liturgischen Kleidung betraf zum einen die Sachdimension und zeigte sich in den Variablen Material, Muster, Schnitt und Farbe. Bezüglich des Materials wurde eine Vielzahl von Seidengeweben, etwa Rips-, Atlas-, Samt- und Brokatgewebe, benutzt. Außerdem bildeten sich bei den mit Silber- oder Goldfäden durchwirkten Seidenbrokaten Muster aus. Ferner – und dies betrifft den Schnitt – kamen neue liturgische Kleidungsstücke und Accessoires für die Kleidungssparten Untergewänder (z.B. *Albe*), Obergewänder (z.B. *Kasel*) und Kopfbedeckungen (z.B. *Birett*) hinzu. Zusätzlich erfolgte die Ausbildung von Insignien, das heißt von liturgischen Abzeichen (z.B. *Manipel, Stola*).

■ **Liturgische Farben**

Die wohl bemerkenswerteste Ausdifferenzierung der liturgischen Kleidung vollzog sich im Bereich Farbe. Denn im 12. / 13. Jahrhundert kamen die liturgischen Farben auf. Dies bedeutete, dass die gottesdienstlichen Gewänder jetzt in ganz bestimmten Farben getragen wurden, die in einem Kanon festlegt waren. Die liturgischen Farben richteten sich nach den Zeiten des Kirchenjahres, den Besonderheiten des Tages und den spezifischen liturgischen Handlungen. Als liturgische Farben fungierten und fungieren noch heute: Weiß / Gelb (für Festtage), Schwarz (für Totenmessen), Violett (für die Advents- und Fastenzeit), Rot (für Pfingsten sowie für Apostel- und Märtyrerfeste), Grün (für gewöhnlich).

■ **Liturgische Kleidung als Rangabzeichen**

Zum anderen erstreckte sich die Entwicklung der gottesdienstlichen Kleidung der Geistlichen auf die Sozialdimension. Genauer formuliert: Die Ausdifferenzierung der liturgischen Kleidung der katholischen Geistlichen beinhaltete gewissermaßen zwangsläufig die Sozialdimension. Denn die im Laufe des Mittelalters ausdifferenzierten liturgischen Kleidungselemente dienten größtenteils als Rangabzeichen, die non-verbal die Stufen kirchlicher Hierarchie kommunizierten. Die sich herausgebildeten liturgischen Kleidungsstücke, Accessoires und Insignien durften nämlich nicht von allen Geistlichen in gleicher Weise getragen werden, sondern waren bestimmten Weiheständen vorbehalten. Diesbezüglich ließen sich etwa die Messkleidung des Priesters (Priesterweihe) und die Pontifikalkleidung des Bischofs (höhere Priesterweihe) unterscheiden:

1. *Messkleidung des Priesters:* Die mehrteilige Messkleidung des Priesters setzte sich erstens aus dem Untergewand Albe (weißes oder cremeartiges knöchellanges Hemdgewand mit langen, mäßig weiten Ärmeln) mit Amikt (rechteckiges Schultertuch) und Zingulum (Taillenkordel) sowie zweitens aus dem Obergewand Kasel mit Manipel und Stola (über der Albe getragenes, über beide Schultern herabhängendes schmales Stoffband) zusammen.

2. *Pontifikalkleidung:* Besonders prächtig und differenziert zeigte sich die Pontifikalkleidung, das heißt die bischöfliche Kleidung. Zu dieser zählten zum Beispiel die reich verzierten pontifikalen Handschuhe und Strümpfe sowie die Kopfbedeckung Mitra (Bischofsmütze).

3. *Papstkleidung:* Als besonders augenfälliges Kennzeichen für die hierarchische Differenzierung der katholischen Geistlichkeit fungierte im Übrigen die Tiara (dreifache Papstkrone), die den weltlichen Herrschaftsanspruch der Kirche symbolisierte.

Anmerkungen: Vgl. Birrer 2003a, S. 1–3 u. 2003b, S. 1–4, Liturgische Kleidung 1993, S. 46, 48 u. 50 und Thiel 1980, S. 47, 61 u. 94.

10.2 Kleidung der protestantischen Geistlichkeit

10.2.1 Standestalar

10.2.1.1 Entstehung des Standestalars

In der Reformationszeit entstand ein spezifisches Kleidungsstück für protestantische Geistliche, nämlich der Talar. Das Wort Talar geht auf das lateinische *talaris* (bis an die Knöchel reichend) bzw. auf das lateinische *talaris vestis* (knöchellanges Gewand, Talar) zurück. Im deutschsprachigen Raum wurde der Talarbegriff seit dem 16. Jahrhundert verwendet.

■ Luthertalar

Der „starting-point" für die Ausdifferenzierung des protestantischen Talars lässt sich auf den 5. Oktober 1524 datieren. An diesem Tag trug der Reformator Martin Luther in der Wittenberger Stadtkirche bei der Morgenpredigt die Mönchskutte des katholischen Augustinerordens. Zur Predigt am Nachmittag erschien Luther in einem langen schwarzen Schaubengewand, dem – später so genannten – Luthertalar. Mit diesem Ritual des Kleiderwechsels[1] von der Kutte zum Talar kommunizierte Luther non-verbal den Übergang von der traditionellen katholischen Lehre zur neuen protestantischen Lehre.

Abb. 24 Luther im langen schwarzen Schaubengewand bzw. im Luthertalar, Lucas Cranach, d. J., 1546 (Boehn 1923, S. 49)

Aufsehen erregte, dass der Reformator für diese neue aus dem katholischen Kleiderrahmen fallende Predigtkleidung die weltliche und nicht die liturgische Kleidung zum Vorbild nahm. Unter kostümhistorischer Perspektive ist hier eine Parallele zur Entstehung der Priesterkleidung in der spätrömischen Kaiserzeit zu erkennen, die bekanntlich ebenfalls auf die weltliche Kleidung zurückgriff.

Mit dem Talargewand revivalte der Reformator einerseits die modische Schaube der Bürger, und zwar in modifizierter Form. Trugen die Bürger

[1] Zum Übergangsritual des Kleiderwechsels beim Kimono und des Hutwechsels beim Bollenhut vgl. Schmidt 2014a, S. 82–87 u. 2014b, S. 82 f.

der damaligen Modewelt das wallende Obergewand Schaube in Kniełänge bzw. bis knapp übers Knie reichend, wählte Luther für seine Schaube bzw. seinen Talar Knöchellänge.

Andererseits orientierte sich Luther damit an der langen Standesschaube der humanistischen Gelehrtenwelt. Indem die humanistischen Wissenschaftler in der Reformationszeit – trotz des knielangen Schaubentrends – lange Schauben anlegten, führten sie die im Zusammenhang mit der Gründung von Universitäten im Mittelalter entstandene „Tradition der ‹‹langen›› Roben" (Thiel 2000, 169) fort. Die Humanisten stellten mit dieser Bekleidungsweise ihren Gelehrtenstand heraus.

Luther übernahm von den humanistischen Gelehrten nicht nur die lange Form der Schaube, sondern auch deren Funktion als Standeskleidung. Mit dem Gebrauch des Talars im reformatorischen Gottesdienst beabsichtigte Luther nicht, ein Amtsgewand bzw. ein amtlich vorgeschriebenes Gewand für protestantische Geistliche hervorzubringen. Für den Reformator zählten Bekleidungselemente lediglich zu den Adiaphora (*adiáphoron*, gr.: Nichtunterschiedenes), das heißt zu den gleichgültigen Dingen. Dadurch, dass diese in der Heiligen Schrift weder geboten noch verboten sind, konnten sie benutzt oder nicht benutzt werden. Sein Talar hatte für Luther „lediglich" die Funktion eines Standestalars.

Im Hinblick auf die Frage, ob der Luthertalar als Motor für die Ausbildung des Standestalars protestantischer Geistlicher bezeichnet werden kann, ist noch zu erwähnen, dass der Züricher Reformator Zwingli bereits 1523 und damit eigentlich als Erster in einem langen schwarzen Schaubengewand predigte. Dennoch war es der Talar des Wittenberger Reformators, der für die Ausdifferenzierung des protestantischen Standestalars ausschlaggebend war. Denn im Vergleich zur Zwinglischaube hatte der Luthertalar eine deutlich höhere Vorbildwirkung. Sie resultierte nicht nur aus der größeren Reichweite der lutherischen Lehre, sondern war auch das Ergebnis der – für damalige Verhältnisse – immens hohen Medienpräsenz Luthers, die dieser in erster Linie seinem Bildpropagandisten und Vermarkter Lucas Cranach d. Ä. zu verdanken hatte. Der am Körper des Hauptreformators Luther getragene schwarze Talar besaß die entscheidende Anziehungs- und Schubkraft, um als geeignetes Vorbildmedium den Ausdifferenzierungsprozess des protestantischen Standestalars erfolgreich in Gang zu setzen.

Anmerkungen: Vgl. Bringemeier 1974, S. 44f., Gillmeister-Geisenhof 2007, S. 17, Kaeppel 2007, S. 54, Käßmann 2009, S. 32, Liturgische Kleidung 1993, S. 4f., Loschek 1988, S. 407, Pfeiffer 1997, S. 1409, Raschzok 2007, S. 7, Thiel 2000, S. 169, Wimmer 2005, S. 131f. und Wisniewski 1996, S. 251.

■ Predigttalar

Der Luthersche Standestalar diente zugleich und vor allem als Predigttalar. Im schwarzen Talar ist Luther auf vielen Bildern des Künstlers Cranach beim Predigen auf der Kanzel zu sehen, aus gutem Grund. Unter dem Wittenberger Reformator wurde nämlich die Verkündigung des Wortes Gottes zum zentralen Bestandteil des kirchlichen Gottesdienstes. Das heißt, die gottesdienstliche Predigt mit dem zugehörigen Interaktionsraum Kanzel wurde in den Mittelpunkt des kirchlichen Geschehens gerückt. In diese Sinnlinie fällt auch, dass Luther eine neue Predigtweise praktizierte. Er trat nicht mehr wie die katholische Geistlichkeit als direkter Vermittler zwischen Gott und der Kirchengemeinde bzw. als alleiniger Ausleger der heiligen Schrift auf. Vielmehr verstand sich der Reformator als indirekter Mittelsmann zwischen der Botschaft Gottes und den Gläubigen und verkündete dementsprechend das Bibelwort in deutscher Sprache. Mit der Bedeutungszunahme von Predigt und Kanzel in der neuen Glaubenslehre ging zwangsläufig eine wachsende Bedeutsamkeit des Talars als Predigttalar einher. Der schwarze Predigttalar fungierte als zentrales Zeichen der Verkündigung des Wortes Gottes. Er lenkte die Aufmerksamkeit der Gemeinde auf das „Hören" des Wortes Gottes und nicht auf das „Sehen" der Kleidung und der Körperlichkeit der predigenden Person. In diesem Sinne wirkte der schwarze Predigtalar als Mittel zur Unterstützung des Wechsels von einer zuschauenden zu einer zuhörenden Gemeinde.

Von Luther wird außerdem berichtet, dass er im kirchlichen Gottesdienst nicht nur den schwarzen Talar trug. Der Reformator legte nämlich zum Reichen des Abendmahls am Altar, dem Ort der größten Nähe zu Gott, ein Messgewand an. Dieser Kleiderwechsel vom Talargewand zum Messgewand lässt sich als ein gottesdienstliches Übergangsritual beschreiben, durch das Luther den Eintritt in eine neue gottesdienstliche Handlung (von der Predigt zum Abendmahl) und einen neuen kirchlichen Interaktionsraum (von der Kanzel zum Altar) markierte.

Anmerkungen: Vgl. Bringemeier 1974, S. 44, Gillmeister-Geisenhof 2007, S. 18, Kaeppel 2007, S. 37 f., Käßmann 2009, S. 31 f., Raschzok 2007, S. 7 u. 2011, S. 383.

▪ Protesttalar

Der Luthersche Standestalar kann auch als Protesttalar beschrieben werden. Indem der einfache und schlichte Luthertalar Genügsamkeit zum Ausdruck brachte, wirkte er als Protestzeichen gegen die kostbaren katholischen Messgewänder, die Prunk und Verschwendung kommunizierten. Diese Protestkommunikation des Luthertalars zeigte sich in den kleidungsspezifischen Variablen Schnitt (einteilig vs. mehrteilig), Material (z. B. Wolle vs. Seide), Muster (z. B. ohne Muster vs. Brokatmuster) und Farbe (einfarbig vs. mehrfarbig).

Vor allem die Farbe des Luthertalars wirkte als Protestmittel. In offensichtlicher Abgrenzung zum farbigen Ornat der katholischen Geistlichkeit predigte der Reformator in Schwarz. Mit der Wahl der „unbunten" Kleiderfarbe missbilligte Luther den bunten ausbeuterischen Luxus der katholischen Kirche und betonte zugleich die „unbunte" Bescheidenheit der neuen Glaubenslehre. In diesem Sinne diente die Farbe des Luthertalars als Protestschwarz[2] und der Talar selbst als Protesttalar. In der Nachfolge Luthers wurde die schwarze

[2] Zu unterschiedlichen und symbolischen Bedeutungen der Kleiderfarbe Schwarz in unserem Kulturkreis siehe Schmidt / Janalik 2000, S. 69–75.

Kleiderfarbe dann zur Farbe protestantischer Geistlichkeit und des Protestantismus.

Anmerkungen: Vgl. Bringemeier 1974, S. 44 und Schmidt / Janalik 2000, S. 66 u.72.

10.2.1.2 Verbreitung des Standestalars

Im 16.–18. Jahrhundert war die Verbreitung des schwarzen Standestalars zu beobachten. Sie betraf sowohl den Trägerstand als auch den Trageanlass. Zum einen begünstigte die Einbürgerung des Pfarrerstandes im 16. Jahrhundert die Ausdifferenzierung des Pfarrertalars. Diese Einbürgerung befreite den Pfarrerstand von seinem Dasein als einem von den anderen Ständen abgesonderten Stand und erhob ihn zu einem Stand inmitten der anderen Stände. Eine solche Einbürgerung protestantischer Pfarrer fand beispielsweise in Nürnberg 1529 statt. Zum anderen wurde der schwarze Talar zunehmend nicht nur zum Predigen auf der Kanzel getragen, sondern auch bei öffentlichen Auftritten, also bei außerhalb des Interaktionsraums Kirche stattfindenden religionsbezogenen Operationen, angezogen.
Neben dem schwarzen Standestalar legten im 16.–18. Jahrhundert etliche Pfarrer oder Pastoren auch weiterhin traditionelle Messgewänder an. Diesbezüglich waren bei den Reformierten und den Lutheranern drei Entwicklungslinien zu erkennen:
1. *Reformierte:* Die Reformierten vollzogen eine radikale Abkehr von der traditionellen Priesterkleidung. Sie schafften bereits im 16. Jahrhundert alle Messgewänder ab.
2. *Lutheraner:* Die Lutheraner praktizierten einen regional unterschiedlichen Umgang mit den Messgewändern. In einigen Regionen wurde überwiegend oder ausschließlich der schwarze Talar getragen. In anderen Gegenden wurden neben dem Talar die traditionellen Messgewänder weiterhin benutzt.
3. *Strenge Lutheraner:* Die strengen Lutheraner legten zunächst nach der Reformation die herkömmlichen Messgewänder ab und zogen stattdessen den Luthertalar an. Um 1700 führten die strikten Vertreter

der Lutherschen Lehre dann teilweise die traditionellen Messgewänder wieder ein, und zwar zusätzlich zum Talar. Dieses Revival hatte wahrscheinlich einen distinktiven Grund, nämlich den, sich gegen die ausschließlich den schwarzen Talar tragenden Reformierten abzugrenzen.

Bei der Wiederbelebung der traditionellen liturgischen Kleidung griffen die betroffenen Geistlichen einerseits auf Altkleider zurück, nämlich auf die alten Messgewänder, die sich größtenteils noch im Kirchenbesitz befanden. Andererseits ließen die Pfarrer Messgewänder neu anfertigen, verwendeten also auch Neukleider.

Anmerkungen: Vgl. Gillmeister-Geisenhof 2007, S. 19, Liturgische Kleidung 1993, S. 5 und Raschzok 2011, S. 386.

10.2.2 Amtstalar

10.2.2.1 Entstehung des Amtstalars

Anfang des 20. Jahrhunderts entwickelte sich der Standestalar zum Amtstalar.

- **Preußischer Talar**

Die Entfaltung des protestantischen Amtstalars begann in den preußischen Gebieten. Es war der preußische König Friedrich Wilhelm III., der 1811 in einer Kabinettsorder die Messgewänder abschaffte und den schwarzen Talar mit Beffchen (Halskragen) und Barett (Kopfbedeckung) als einheitliche Amtskleidung für alle Pfarrer in preußischen Gebieten verbindlich vorschrieb. Das Talargewand wurde in der Order nicht durchgängig Talar, sondern unter anderem auch Robe und Predigerrock genannt.

Mit der Direktive beabsichtigte der Preußenkönig, die uneinheitliche Bekleidungspraxis der protestantischen Geistlichen im Gottesdienst abzustellen und durch eine einheitliche Amtskleidung zu ersetzen. Die Kabinettsorder war keine isolierte Maßnahme, sondern erfolgte im Zusammenhang mit der allgemeinen Regulierung von Ziviluniformen, die damals in den staatlichen Verwaltungssektoren, etwa in den Bereichen Polizei und Post, vollzogen wurde. Die Entstehung des protestantischen Amtstalars beruhte somit nicht auf einer Vorschrift aus dem religiösen, sondern auf einer Verfügung aus dem politischen Gesellschaftsbereich.

Bei der Schaffung des preußischen Amtstalars diente dem Preußenkönig der schwarze Luthertalar der Reformationszeit als Vorbild, wohl aus zwei Gründen: Erstens symbolisierte der schwarze Luthertalar wie kein anderes Kleidungsstück den Ursprung des protestantischen Glaubens und damit zugleich die Abgrenzung gegenüber der römisch-katholischen Kirche. Zweitens stand dem preußischen König bei diesem historischen Revival eine Vielzahl von Vorlagen zur Verfügung, nämlich die zahlreich vorhandenen Cranachschen Lutherbilder.

Anmerkungen: Vgl. Gillmeister-Geisenhof 2007, S. 17, Liturgische Kleidung 1993, S. 4 und Raschzok 2011, S. 383–385.

10.2.2.2 Verbreitung des Amtstalars

Nach preußischem Vorbild verbreitete sich der schwarze Amtstalar im deutschsprachigen Raum und avancierte zum protestantischen Identitätsgewand, das das evangelische Amtsverständnis erkennen ließ. Anders als das Priesteramt in der katholischen Kirche war das Amt des Pfarrers in der protestantischen Kirche kein Weiheamt, das zwischen höheren und niederen Weihen unterschied und auch keinen Statusunterschied zwischen Pfarrern und Gemeindemitgliedern machte.

■ Regionale und landeskirchliche Talarvarianten

Die Expansion des protestantischen Amtstalars erfolgte regional und landeskirchlich differenziert. Das heißt, für die einzelnen Regionen und Landeskirchen entwickelten sich unterschiedliche Talarformen. An Talarvarianten – und dies betrifft die heutige Zeit – lassen sich die bayerische, hannoversche, pfälzische, preußische, sächsische, schlesische und württembergische Talarformen anführen. Diese Varianten unterscheiden sich beispielsweise bezüglich des Kragens (z.B. Stehkragen, Umlegkragen), der Falten (z. B. röllchenartige, eingelegte, gesmokte) und des Verschlusses (z. B. durchgehend geknöpft, teilweise verdeckt geknöpft). Gemeinsam sind diesen regionalen bzw. landeskirchlichen Talarvarianten die Knöchellänge und die schwarze Kleiderfarbe.

Abb. 25 Talarvarianten: Pfälzischer Talar; Schlesischer Talar

Eine farbige Ausnahme bildete der kurhessen-waldecksche Talar, der sich allerdings nicht behaupten konnte und nur von 1968–1996 existierte. Dieser wenig gefältelte Amtstalar zeichnete sich nicht nur durch einen violetten V-förmigen Schalkragen und einen violetten Ärmelbesatz aus, sondern machte auch durch eine weiße Krawatte – also durch ein zusätzliches Talar-Accessoire – auf sich aufmerksam.

▪ Tropen- und Missionstalar

Von der traditionellen schwarzen Talarfarbe abweichend präsentierte sich außerdem der weiße Missions- oder Tropentalar, der für den Auslandseinsatz von Pfarren im außereuropäischen Raum entwickelt wurde.

▪ Pfarrerinnentalar

Der schwarze Talar mit Beffchen wurde seit der Mitte des 20. Jahrhundert auch von Pfarrerinnen als Amtskleidung angelegt. Diese theologischen Frauen im Dienste der protestantischen Kirche durften nach kirchlicher Ordnung anfänglich keinen Talar, dann einen Talar mit weißem Rundkragen und schließlich den Talar mit weißen Beffchen tragen. Diese sukzessive Trageerlaubnis des zuvor für Theologen reservierten schwarzen Amtstalars mit weißem Beffchen entsprach der sich nur nach und nach vollziehenden Anerkennung von Theologinnen im Innehaben der religiösen Leistungsrolle des Pfarrers.

▪ Juristen- und Professorentalar

In seiner Funktion als Amtskleidung wird der Talar – und dies geht über den religiösen Bereich hinaus – auch noch heute von Juristen und Professoren angelegt. Die Formenvielfalt universitärer Talare war beispielsweise 1965 anlässlich der 600-Jahrfeier der Universität Wien zu bewundern, bei der Professoren aus aller Welt ihre Talare präsentierten. Darüber hinaus ist, wie viele Kinder und Jugendliche wissen, der Talar ein wichtiges Bekleidungselement in der Zauberwelt von Harry Potter.

Anmerkungen: Vgl. Kaeppel 2007, S. 54 f., Käßmann 2009, S. 31, Kerner 2007, S. 5, Liturgische Kleidung 1993, S. 3 und Raschzok 2007, S. 7–9 u. 13.

10.3 Talaraccessoires

Zum protestantischen Amtstalar gehören die Talar-Accessoires Beffchen und Barett.

10.3.1 Beffchen

Beffchen ist die Verkleinerungsform von Beffe, einem Begriff, der auf das niederländische Wort *Beve* zurückgeht. Mit diesem wurde früher ein Schultermantel bezeichnet.

- **Weltliches Beffchen**

Ursprünglich fungierte das Beffchen als ein weltliches Bekleidungselement, das aus dem modischen Schwedenkragen, einem flachen, breiten Schulterkragen des 17. Jahrhunderts, hervorgegangen war. Die Schrumpfung des Schwedenkragens zum Beffchen resultierte aus der Ausdifferenzierung von Langhaarfrisuren für Männer um 1650. Diese neue Haarlänge verdeckte nämlich den Schwedenkragen, so dass der modische Mann auf diesen großen – sozusagen unsichtbar gewordenen – Kragen verzichtete und stattdessen auf dessen reduzierte Form, nämlich auf das Beffchen, zurückgriff.

- **Protestantisches Beffchen**

Um 1700 wurde das Beffchen der Modewelt von der religiösen Welt übernommen. Es geriet zum gottesdienstlichen Bekleidungselement protestantischer Geistlicher. Allgemein lässt sich das protestantische Beffchen als eine Art Halskragen beschreiben, der aus zwei weißen, ca. 12 cm langen, gestärkten schmalen Stoffstreifen aus Leinen besteht, die vorne am Hals herabhängen. Beim Beffchen handelt es sich aber nicht um einen angesetzten Kragen, also nicht um ein an den Halsausschnitt angenähtes Stoffstück, sondern um ein selbständiges Accessoire, das um den Hals gelegt und dort befestigt wird (s. Abb. 25, S. 90).
Wie der Talar entwickelte sich auch das Beffchen differenziert, und zwar nach der protestantischen Glaubensrichtung. Das heißt, am Beffchen waren die Pfarrer der lutherischen, der reformierten und der unierten Kirche zu erkennen. Heutzutage lassen sich an konfessionell differenzierten Beffchen-Formen unterscheiden: das lutherische (ganz geteilt), das unierte (halb geteilt) und das reformierte (zusammenge-

näht) Beffchen. Diese drei Beffchen-Formen differieren zudem nach der Art, wie sie befestigt werden. So gibt es das Bindebeffchen (lutherische Kirche), das Knöpfbeffchen (unierte und reformierte Kirche) und das Steckbeffchen (lutherische, unierte und reformierte Kirche).

Abb. 26 Beffchenformen: Bindebeffchen, lutherisch; Knöpfbeffchen, uniert; Steckbeffchen, reformiert

■ Modisches Damenbeffchen

Das lutherische Beffchen wurde im Übrigen von der Damenmode in den 1970er / 1980er Jahren revivalt. Es wurde als Aufputz an der modischen Kleidung meist älterer Damen eingesetzt.

Abb. 27 Beffchen in der Damenmode, 1970er / 1980er

Anmerkungen: Vgl. Kaeppel 2007, S. 37 u. 54, Pfeiffer 1997, S. 111, Raschzok 2007, S. 7 f. u. 2011, S. 383, Schabert 2003, S. 224 und Wisniewski 1996, S. 32 f.

10.3.2 Barett

Die Ausdifferenzierung des protestantischen Baretts lässt sich sinnvoll im Zusammenhang mit der Entwicklung des katholischen Biretts betrachten.

- **Katholisches Birett**

Der Terminus Birett für die Kopfbedeckung der katholischen Geistlichkeit geht auf das lateinische *birrus*, einen antiken Mantelumhang mit Kapuze, zurück. Die unter der Kapuze des *birrus* getragene Mütze in der Form einer Halbkugel gilt als Vorläufer des Biretts.

In der römischen Kirche des Mittelalters entwickelte sich diese halbkugelförmige Mütze zum vieleckigen Birett, einer hut- oder kappenartigen Kopfbedeckung, die mit kreisförmigen Aufbauten, den so genannten *cornua* (lat.: Hörner) versehen war. Im deutschsprachigen Raum wurde das Birett üblicherweise mit vier *cornua* verziert.

- **Weltliches Barett**

Im 15. Jahrhundert wurde das Birett der katholischen Geistlichkeit von der weltlichen Kleiderwelt unter der Bezeichnung Barett modifiziert übernommen. Das modische Barett zeigte sich in flacher, runder und vieleckiger Form.

- **Protestantisches Barett**

Es war der Reformator Luther, der im 16. Jahrhundert das weltliche Barett zu seinem schwarzen Standestalar aufsetzte und es damit als Kopfbedeckung der protestantischen Geistlichkeit einführte. In der preußischen Kabinettsorder von 1811 wurde dann das Barett als derjenige Bestandteil der Amtskleidung preußischer Pfarrer bestimmt, der für amtliche Handlungen im Freien vorgesehen war.

Wie der Talar und das Beffchen entwickelte sich auch das Barett differenziert. Von den evangelisch-lutherischen Pfarrern beispielsweise werden heutzutage einerseits regionale bzw. örtliche Barettformen (z. B. Bayern, Pfalz, Hannover, Nassau) aufgesetzt. Diese differieren vor allem hinsichtlich ihres Materials (z. B. Samtgewebe oder glattes Gewebe), ihrer Form (z. B. flach oder hoch, rund oder eckig, vierzipflig oder viereckig sowie faltig oder faltenlos) und ihrer Verzierungselemente (z. B. Bommel, Knopf oder Stirnschild). Andererseits werden Barette in der so genannten Lutherform getragen, die es in runder und vieleckiger, nämlich in vier- bis sechseckiger, Ausführung gibt. Im Übrigen ist festzustellen, dass Barette in der evangelisch-lutherischen Kirche kaum mehr benutzt werden.

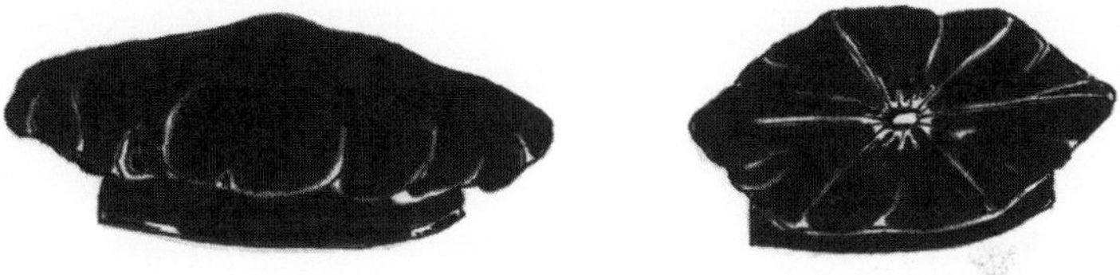

Abb. 28 Barettformen: „Lutherform", rund; „Lutherform", vieleckig

Anmerkungen: Vgl. Kaeppel 2007, S. 35 f., Pfeiffer 1997, S. 99, Poscharsky / Weißenfels 2000, S. 37 und Raschzok 2007, S. 8 f.

10.4 Talarkreationen

1970 war in Bayern ein interessanter Versuch zur Vermodung des Talars zu beobachten. Damals gab es mancherorts Vorbehalte gegenüber dem traditionellen bayrischen Talar bzw. gegenüber dem Zwang zum Talartragenmüssen. Nicht zuletzt deswegen, weil Traditionen und traditionelle Kleidung im Widerspruch zum damaligen Zeitgeist standen. Die Missbilligung richtete sich insbesondere auf das Talarschwarz.

■ Talarkreateur Oestergard

Das unter anderem von künftigen Vikaren anlässlich eines Predigerseminars vorgebrachte „Talarproblem" sollte durch einen Experten, nämlich durch einen Modeschöpfer, gelöst werden. Die Wahl fiel auf Heinz Oestergard, da dieser sich in der Sparte Arbeitskleidung bereits einen Namen gemacht hatte. Der 1916 in Berlin geborene Modeschöpfer war 1967 nach München übergesiedelt und hatte schon Arbeitskleidung etwa für Polizisten, für Fernfahrer von Mercedes und für im Außendienst tätige Mitarbeiter des ADAC entworfen.

Die Verhandlungen mit Oestergard wurden von Dieter Weißenfels (dieser gehörte dem damaligen Wirtschaftsverband ev. Geistlicher in Bayern an) und Peter Poscharsky (dieser saß zusammen mit Weißenfels im Vorsitz des Ausschusses für christliche Kunst in Bayern) geführt. Oestergard befürwortete eine Farbigkeit des Talars. Außerdem informierte sich der Modeschöpfer über die ergonomischen Anforderungen an den Talar, die sich aus den berufstypischen Bewegungen wie Gestikulieren auf der Kanzel, Reichen des Abendmahls und Händeschütteln ergaben. Am Ende der Unterredung erhielt der Modeschöpfer über den Wirtschaftsverband evangelischer Geistlicher Bayerns einen verdeckten kirchlichen Auftrag zum Entwerfen neuer bayrischer Talare, wobei ihm keine Vorgaben gemacht wurden. Der Grund, weshalb das Ganze als „geheime Mission" gehandhabt wurde, lag in der ablehnenden Haltung etlicher Kirchenvertreter gegenüber der Talardiskussion und insbesondere gegenüber dem verpflichteten Modeschöpfer. Den kirchlichen Vorbehalt gegen Oestergard zeigt das folgende Beispiel: Der Vorstand eines bayrischen Pfarrervereins hatte sich an Oestergard gewandt, wegen der Kreation einer neuen Kopfbedeckung, die das traditionelle Barett ablösen sollte. Als dieses bekannt wurde, brach nicht nur ein Hurrikan der Entrüstung aus, sondern es musste auch der besagte Vorstand zurücktreten. Die Begründung hierfür war, dass Oestergard zuvor Damenunterwäsche für das Versandhaus Quelle entworfen hatte.

▪ Talarentwürfe I

Der Modeschöpfer legte eine Vielzahl an Talarentwürfen vor, die einigermaßen futuristisch anmuteten. Unter den Entwürfen befanden sich einerseits eng geschnittene Anzüge mit einem Gewand darüber: zum Beispiel ein violetter Anzug mit einem beigen Obergewand, dessen kurze Ärmel mit violetten Streifen verziert waren. Zu den Talarentwürfen gehörten andererseits lange weiße Gewänder, die an manchen Stellen violett und / oder schwarz gestaltet waren, und über einer langen weißen oder schwarzen Hose getragen wurden: zum Beispiel ein weißes Gewand mit violetter Schulterpartie und langen violetten Ärmeln.

Abb. 29 „Futuristischer" Talarentwurf von Heinz Oestergard 1970, Nachzeichnung (vgl. Poscharsky / Weißenfels 2000, S. 38, 2)

Bei der Begutachtung der Oestergardschen Talarentwürfe waren sich Weißenfels und Poscharsky einig: Diese deutlich vom traditionellen bayrischen Talar abweichenden und stark an weltliche Arbeitsanzüge erinnernden Entwürfe würden keine Gnade vor dem zuständigen Kirchenrat finden. Der Modeschöpfer sollte daher weitere Talarentwürfe erstellen, die stärker an der Tradition orientiert und weniger auf die Zukunft gerichtet sein sollten.

▪ Talarentwürfe II

Oestergard legte diesmal nicht nur Entwurfszeichnungen von Talaren vor, sondern ließ zu den Zeichnungen auch Talarmodelle erstellen. Diese Talarkollektion enthielt zum einen Talare in den Farben Rot, Violett und Weiß, also in Farben, die von dem traditionellen Talarschwarz abwichen. Möglicherweise waren diese farbigen Talare im Sinne liturgischer Farbigkeit gedacht, so dass für einen Pfarrer ein ganzer Talarsatz erforderlich gewesen wäre. Zum anderen gehörten der Kollektion Talare an, die mit den „Nichtfarben" Schwarz und Weiß im Hell-Dunkel-Kontrast gestaltet waren.

Abb. 30 „Gediegener" Talarentwurf von Heinz Oestergard 1970, Nachzeichnung (vgl. Poscharsky / Weißenfels 2000, S. 40, 11)

Um die Wirkung der neuen Talare am Körper und in Bewegung zu zeigen, wurden die Modelle durch einen Pfarrer und dessen Ehefrau in einer sorgfältig abgeriegelten Kirche Oberbayerns vor dem zuständigen Referenten im Landeskirchenrat vorgeführt. Das heißt, die Talarkollektion wurde von einem männlichen und einem weiblichen protestantischen Model in einem zum Laufsteg umfunktionierten Kirchenraum vor einem – aus einem einzigen Kirchenvertreter bestehenden – Publikum präsentiert. Da die Kritik des kirchlichen Referenten über die vorgeführten Talare vernichtend ausfiel, war der Versuch zur Vermodung des Talars beendet bzw. gescheitert.

Bemerkenswert ist, dass dieses Talarexperiment lange Zeit totgeschwiegen wurde und erst viel später an die Öffentlichkeit kam. Es waren die Insider Poscharsky und Weißenfels, die 2000 ihr Schweigen brachen und in der Zeitschrift Kirche und Kunst über die „Entwürfe für neue Talare" in Wort und Bild berichteten.

Anmerkungen: Vgl. Loschek 1984, S. 507, Poscharsky / Weißenfels 2000, S. 37–40 und Raschzok 2007, S. 14 u. 2011, S. 388f.

Literatur

Arnold, Janet: Decorative features: Pinking, snipping and slashing. In: Costume: the journal of Costume Society. 1975, Heft 9, S. 22–26.

Birrer, Patrik: Paramente I. Textilien für den sakralen Gebrauch der römisch-katholischen Kirche (Merkblätter des Bundesamtes für Bevölkerungsschutz, Kulturgüterschutz. Redaktion: IBID Winterthur – F. Pescatore). Basel 2003a, S. 1–4.

Birrer, Patrik: Paramente II – Fachbegriffe. Textilien für den sakralen Gebrauch der römisch-katholischen Kirche (Merkblätter des Bundesamtes für Bevölkerungsschutz, Kulturgüterschutz. Redaktion: IBID Winterthur – F. Pescatore). Basel 2003b, S. 1–4.

Boehn, Max von: Die Mode. (2.) Menschen und Moden im 16. Jahrhundert. Nach Bildern und Stichen der Zeit ausgewählt und geschildert. München 1923.

Bringemeier, Martha: Priester- und Gelehrtenkleidung. Tunika / Sutane, Schaube / Talar. Ein Beitrag zur geisteswissenschaftlichen Kostümforschung. Rheinisch-Westfälische Zeitschrift für Volkskunde. Beiheft 1. Bonn und Münster 1974.

Broby-Johansen, Rudolf: Kunst- und Stilfibel. München 1988.

Busch, Rainer: Das Herz der Hanse. In: P.M. History. Europas größtes Monatsmagazin für Geschichte (Themenheft: Die Hanse. Supermacht des Mittelalters). Hamburg 2015, Heft 12, S. 26–35.

Christensen, Sigrid Flamand: Die männliche Kleidung in der süddeutschen Renaissance. Kunstwissenschaftliche Studien Band XV. Berlin 1934.

Das neue Duden Lexikon in 10 Bd. (hrsg. u. bearb. von d. Lexikonred. d. Bibliograph. Inst.; Red. Bearb.: Ingrid Adam). Mannheim; Wien; Zürich 1984.

Des Hocherleuchten Ehrwirdigen vnd Hochgelarten thewren Mannes Gottes, Herrn D. Martini Lutheri Bildnis, in vier vunterschiedliche Kleidung, nemlich, Mönchsstande. O. L. 1600, [S. I].

Döbler, Hannsferdinand: Kultur- und Sittengeschichte der Welt. Kleidung, Mode, Schmuck. München, Gütersloh, Wien 1972.

Duden Fremdwörterbuch. Der Große Duden. Band 5 (bearbeitet von Karl-Heinz Ahlheim unter Mitwirkung zahlreicher Fachgelehrter). Heidelberg, 2., verbesserte und vermehrte Auflage 1966.

Eberle, Hannelore u. a.: Fachwissen Bekleidung (Europa-Lehrmittel). Haan-Gruiten, 2. Aufl. 1991.

Ellinger, Johann: Allmodischer KleyderTeuffel. Franckfurt am Main 1629.

Embleton, Gerry: Ritter und Söldner im Mittealter (Übersetzt aus dem Englischen von Frank Wiedemann). Herne 2002.

Fehlig, Ursula: Kostümkunde für die Berufsausbildung. Mode im Wandel der Zeit. Leipzig, 5. verbesserte Aufl. 1988, S. 74–98.

Fink, August: Die Schwarzschen Trachtenbücher. Berlin 1963.

Fischer, Oliver: Lucas Cranach der Ältere. Eine Fabrik der Kunst. In: Geoepocheedition. Die Geschichte der Kunst. (Themenheft: Dürer und der Aufstieg der deutschen Kunst 1400–1600). Hamburg 2015, Nr. 12, S. 70–83.

Frank, Otto / Schneider, Johannes. Bilderkampf. Im Dienst der neuen Lehre. In: Der Spiegel Geschichte (Themenheft: Die Reformation). Hamburg 2015, Heft 6, S. 52–69.

Gillmeister-Geisenhof, Evelyn: Der Talar – Medium und Sprache. In: Gottesdienst-Institut der Evangelisch-Lutherischen Kirche in Bayern (Hrsg.): Evangelisch betucht. Katalog zur Ausstellung mit Gottesdienstgewändern und Amtstracht. Nürnberg 2007, S. 17–24.

Gretzschel, Matthias: Auf den Spuren von Martin Luther. Hamburg 2015.

Grümmer, Richard: Andreas Musculus sein Leben und seine Werke. Inaugural-Dissertation. Eisenach 1912

Haider-Grabner, Anton: Erasmus von Rotterdam. In: 100 Menschen die inspirieren und ohne die unsere Welt nicht unsere wäre. Marixwissen Bd. 100. Wiesbaden 2015, S. 64–66.

Hansen, Harald: Knauers Kostümbuch. Die Kostümgeschichte aller Zeiten (Aus dem Dänischen von Wolfheinrich von der Mülbe). München, Zürich 1957, S. 125–136.

Hofer, Alfons: Textil- und Modelexikon. Frankfurt am Main, 6. Aufl. 1988.

Hottenroth, Friedrich: Handbuch der deutschen Tracht. Gustav Weise: Stuttgart 1896, S. 499–616.

Hundsbichler, Helmut: Feder. In: Kühnel, Harry (Hrsg.): Bildwörterbuch der Kleidung und der Rüstung. Vom Alten Orient bis zum ausgehenden Mittelalter. Stuttgart 1992a, S. 75.

Hundsbichler, Helmut: Nesteln. In: Kühnel, Harry (Hrsg.): Bildwörterbuch der Kleidung und der Rüstung. Vom Alten Orient bis zum ausgehenden Mittelalter. Stuttgart 1992b, S. 177.

Huntebrinker, Jan Willem: Die Schlitzkleidung im Netz der Bedeutungen. Zum Umgang mit Quellen in der materiellen Kulturforschung. In: Archiv für Kulturgeschichte, hrsg. von Helmut Neuhaus. Köln, Weimar, Berlin 2008, 91. Band, S. 329–357.

Jaritz, Gerhard: Landsknechtkleidung. In: Kühnel, Harry (Hrsg.): Bildwörterbuch der Kleidung und der Rüstung. Vom Alten Orient bis zum ausgehenden Mittelalter. Stuttgart 1992a, S. 155

Jaritz, Gerhard: Pluderhose. In: Kühnel, Harry (Hrsg.): Bildwörterbuch der Kleidung und der Rüstung. Vom Alten Orient bis zum ausgehenden Mittelalter. Stuttgart 1992b, S. 199.

Jaritz, Gerhard: Schaube. In: Kühnel, Harry (Hrsg.): Bildwörterbuch der Kleidung und der Rüstung. Vom Alten Orient bis zum ausgehenden Mittelalter. Stuttgart 1992c, S. 220f.

Jaritz, Gerhard: Schlitzkleidung. In: Kühnel, Harry (Hrsg.): Bildwörterbuch der Kleidung und der Rüstung. Vom Alten Orient bis zum ausgehenden Mittelalter. Stuttgart 1992d, S. 228f.

Jech, Bettina: Berühmte Pfeffersäcke. Acht Porträts einflussreicher Persönlichkeiten der Hanse. In: P.M. History. Europas größtes Monatsmagazin für Geschichte (Themenheft: Die Hanse. Supermacht des Mittelalters). Hamburg 2015, Heft 12, S. 48–51.

Kaeppel, Gottfried: Glossar. In: Gottesdienst-Institut der Evangelisch-Lutherischen Kirche in Bayern (Hrsg.): Evangelisch betucht. Katalog zur Ausstellung mit Gottesdienstgewändern und Amtstracht. Nürnberg 2007, S. 33–55.

Käßmann, Margot: Bunt ist doch irgendwie schöner ... Anmerkungen zur Amtskleidung. In: Zeitschrift für Gottesdienst & Predigt. Gütersloh 2009, Band 20, Heft 2, S. 31–34.

Kerner, Hans: Vorwort. In: Gottesdienst-Institut der Evangelisch-Lutherischen Kirche in Bayern (Hrsg.): Evangelisch betucht. Katalog zur Ausstellung mit Gottesdienstgewändern und Amtstracht. Nürnberg 2007, S. 5–6.

Kiener, Franz: Kleidung, Mode und Mensch. Versuch einer psychologischen Deutung. München, Basel 1956.

Klein, Ruth: Lexikon der Mode. Baden-Baden 1950.

Knöpfel, Ulrike: Ein neues Bild des Glaubens. In: Der Spiegel Geschichte (Themenheft: Die Reformation). Hamburg 2015, Heft 6, S. 80–83.

Koch, Ernst: Andrea Musculus und die Konfessionalisierung im Luthertum (Schriften des Vereins für Reformationsgeschichte; Bd. 197) Gütersloh 1992, S. 250–270.

Koch-Mertens, Wiebke: Der Mensch und seine Kleider. Teil 1: Die Kulturgeschichte der Mode bis 1900. Düsseldorf / Zürich 2000, S. 183–283.

Krause, Gisela / Lenning, Gertrud: Kleine Kostümkunde. Berlin 1995, 11. Aufl., S. 89–117.

Kühnel, Harry (Hrsg.): Bildwörterbuch der Kleidung und der Rüstung. Vom Alten Orient bis zum ausgehenden Mittelalter. Stuttgart 1992.

Kühnel, Harry: Haarhaube. In: Kühnel, Harry (Hrsg.): Bildwörterbuch der Kleidung und der Rüstung. Vom Alten Orient bis zum ausgehenden Mittelalter. Stuttgart 1992a, S. 96.

Kühnel, Harry: Kuhmäuler. In: Kühnel, Harry (Hrsg.): Bildwörterbuch der Kleidung und der Rüstung. Vom Alten Orient bis zum ausgehenden Mittelalter. Stuttgart 1992b, S. 151.

Kühnel, Harry: Lederse. In: Kühnel, Harry (Hrsg.): Bildwörterbuch der Kleidung und der Rüstung. Vom Alten Orient bis zum ausgehenden Mittelalter. Stuttgart 1992c, S. 156.

Lexikon 2000 (Redaktion: Friedemann Bedürftig). 20 Bände. Köln 1990.

Liturgische Kleidung im Evangelischen Gottesdienst. Lutherische Liturgische Konferenz Deutschlands. Hannover 3. Aufl. 1993.

Loschek, Ingrid: Reclams Mode- und Textillexikon. Stuttgart, 2. Aufl. 1988.

Lüpke, Marc von: Der Hardliner. In: Der Spiegel Geschichte (Themenheft: Die Reformation). Hamburg 2015, Heft 6, S. 113–114.

Miller, Douglas / Embleton, Gerry / Richards, John: Landsknechte 1486–1560 (Deutsche Übersetzung: Walther Wuttke). Sankt Augustin 2004.

Musculus, Andreas: Vom Hosen Teuffel [Franckfurt an der Oder 1555] In: Hosenteufel. Fluchteufel. Eheteufel. Himmel und Helle. Teufels Tyranney (Teufelsbücher in Auswahl. Bd. 4; Ausgabe deutscher Literatur des XV. bis XVIII. Jahrhunderts). Berlin, New York 1978, S. [1]–32.

Parker, Philipp: Geschichte. Kompakt & visuell. München 2010.

Pfeiffer, Wolfgang u. a.: Etymologisches Wörterbuch der Deutschen. München, 3. Aufl. 1997.

Pieper, Dietmar: Der stille Urknall. Das Rätsel um den Thesenanschlag – und eine mögliche Lösung. In: Der Spiegel Geschichte (Themenheft: Die Reformation). Hamburg 2015, Heft 6, S. 35.

Pietsch, Johannes: Das Schneiderhandwerk im 17. Jahrhundert. In: Pietsch, Johannes / Stolleis, Karin: Kölner Patrizier- und Bürgerkleidung des 17. Jahrhunderts, Die Kostümsammlung Hüpsch im Hessischen Landesmuseum Darmstadt. Riggisberger Berichte 15. Riggisberg 2008, S. 59–125.

Poscharsky, Peter / Weißenfels, Dieter: Entwürfe für neue Talare. In: Kirche + Kunst. Nürnberg 2000, Heft 78, S. 37–40.

Raschzok, Klaus: Evangelisch betucht. Einführung in die Ausstellung mit Gottesdienstgewändern und Amtstracht. In: Gottesdienst-Institut der Evangelisch-Lutherischen Kirche in Bayern (Hrsg.): Evangelisch betucht. Katalog zur Ausstellung mit Gottesdienstgewändern und Amtstracht. Nürnberg 2007, S. 7–16.

Raschzok, Klaus: Textiler Klassiker. Zweihundert Jahre Talar mit Beffchen als Identitätssymbol des Protestantismus. In: Nachrichten der Evangelisch-Lutherischen Kirche in Bauern/hrsg. im Auftr. des Evangelisch-Lutherischen Landeskirchenrates. München 2011, Band / Heft 66, S. 383–392.

Rublack, Ulinka / Hayward, Maria (Hrsg.): The First Book of Fashion. The Books of Clothes of Matthäus & Veit Konrad Schwarz of Augsburg. London, New Dehli, New York, Sydney 2005.

Schabert, Ursula: Stola oder Talar und Beffchen? Liturgische Kleidung – eine evangelische Debatte. In: Christ in der Gegenwart: katholische Wochenzeitschrift. Freiburg i. Br. 2003, Heft 55, S. 224.

Schade, Werner: Die Malerfamilie Cranach. Dresden 1974.

Schmidt, Doris / Janalik, Heinz: Grufties. Jugendkultur in Schwarz. Baltmannsweiler 2000.

Schmidt, Doris: Die Mode der Gesellschaft. Eine systemtheoretische Analyse. Baltmannsweiler 2007.

Schmidt, Doris: Japan. Kimono – Kirschblüten und Geishas. Kleidungskulturen der Welt, Band 2. Baltmannsweiler 2014a.

Schmidt, Doris: Schwarzwald. Der rote Bollenhut – Tracht und Marke. Kleidungskulturen der Welt. Band 2. Baltmannsweiler 2014b.

Schmidt, Doris: Indien. Der Sari – Drapierte Anmut. Kleidungskulturen der Welt, Band 4. Baltmannsweiler 2015.

Schultze, Rudolf: Die Modenarrheiten. Ein Spiegelbild der Zeiten und Sitten für das deutsche Volk. Berlin 1868.

Shafy, Samitha: Der Kämpfer. In: Der Spiegel Geschichte (Themenheft: Die Reformation). Hamburg 2015, Heft 6, S. 114.

Sontheimer, Michael: Sobald der Gülden im Becken klingelt. In: Der Spiegel Geschichte (Themenheft: Die Reformation). Hamburg 2015, Heft 6, S. 28–29.

Stauffacher Lexikon. Das Wissen der Menschheit in einem Band. Zürich 1966.

Steinhausen, Georg: Geschichte der deutschen Kultur. Leipzig, Wien 1913.

Stratenwerth, Irene: Hans Holbein der Jüngere. Das Antlitz der anderen. In: Geoepocheedition. Die Geschichte der Kunst. (Themenheft: Dürer und der Aufstieg der deutschen Kunst 1400–1600). Hamburg 2015, Nr. 12, S. 106–123.

Thiel, Erika: Geschichte des Kostüms. Die europäische Mode von den Anfängen bis zur Gegenwart. Wilhelmshaven, 7., ergänzte u. aktualisierte Aufl. 2000, S. 167–188.

Vahland, Kia: Albrecht Dürer. Der Meister aus Franken. (Themenheft: Dürer und der Aufstieg der deutschen Kunst 1400–1600). Hamburg 2015, Nr. 12, S. 34–51.

Varna, Elisabeth: Barett. In: Kühnel, Harry (Hrsg.): Bildwörterbuch der Kleidung und der Rüstung. Vom Alten Orient bis zum ausgehenden Mittelalter. Stuttgart 1992a, S. 23 f.

Varna, Elisabeth: Schamkapsel. In: Kühnel, Harry (Hrsg.): Bildwörterbuch der Kleidung und der Rüstung. Vom Alten Orient bis zum ausgehenden Mittelalter. Stuttgart 1992b, S. 219.

Von Kaisers Gnaden. 500 Jahre Pfalz-Neuburg. Hrsg. von Bäumler, Suzanne / Brockhoff, Evamaria / Henker, Michael. Katalog zur Bayerischen Landesausstellung 2005 Neuburg an der Donau, 3. Juni bis 16. Oktober 2005 (Veröffentlichungen zur Bayerischen Geschichte und Kultur 50 / 2005, hrsg. vom Haus der Bayerischen Geschichte, Augsburg). Regensburg 2005.

Wimmer, Mario: Unter den Talaren. Bemerkungen zur Wiedereinführung der Amtstracht (1928) und der Einführung des Professorentalars (1965) an der Universität Wien. In Österreichische Zeitschrift für Geschichtswissenschaft. Innsbruck; Wien [u. a.] 2005, Band 16, Heft 2, S. 129–138.

Winzer, Fritz: Kulturgeschichte Europas von der Antike bis zur Gegenwart. Braunschweig 1980, S. 351–420.

Wisniewski, Claudia: Kleines Wörterbuch des Kostüms und der Mode. Stuttgart 1996.

Wolf, Hilde: Renaissance. In: Wüste, Sonja Wolf, Hilde / Flieger, Brigitte: Mode und Wohnen. Vom Mittelalter bis zur Moderne. Leipzig 1993, S. 39–58

Wolf, Norbert: Albrecht Dürer. In: 100 Menschen die inspirieren und ohne die unsere Welt nicht unsere wäre. Marixwissen Bd. 100. Wiesbaden 2015a, S. 67–69.

Wolf, Norbert: Lucas Cranach d. Ä. In: 100 Menschen die inspirieren und ohne die unsere Welt nicht unsere wäre. Marixwissen Bd. 100. Wiesbaden 2015b, S. 70–72.

Wolter, Gundula: Die Verpackung des männlichen Geschlechts. Eine illustrierte Kulturgeschichte der Hose. Marburg 1991.

Worms: Luther-Text mit Unesco-Segen. In: Rhein-Neckar-Zeitung vom 20.10.2015.

Register